GANGA STONE

Über das Ende hinaus

W0060083

Buch

Der Tod ihrer eigenen Mutter, davor das Schweigen angesichts deren Krebserkrankung, das Unvermögen, sich auszutauschen und die wahren Gefühle von Trauer, Verzweiflung und Liebe zu zeigen und auszudrücken – all das bildete die Grundlage dafür, daß Ganga Stone viele Jahre später begann, das Tabuthema Tod öffentlich in Kursen und Vorträgen zur Sprache zu bringen. Ihr bemerkenswertes Buch über die Unvermeidlichkeit des Todes und die menschliche Angst vor dem Sterben wendet sich nicht nur an Todkranke, deren Angehörige und Freunde oder Menschen, die um einen Verstorbenen trauern, sondern auch an all diejenigen, die auf den Gedanken an Tod mit Panik reagieren. Die Autorin redet freimütig über eigene Erfahrungen und läßt den Leser am Wissen teilhaben, daß das Verlassen des Körpers nichts anderes als ein weiterer Schritt der Transformation ist.

Autorin

Ganga Stone ist in den USA eine populäre Vortragsrednerin in Kirchen, Kliniken und Hospizen. Sie bietet seit 1989 ein Seminarprogramm zum Thema Sterben und Tod an, das sich an Schwerkranke und ihre Angehörigen wendet.

GANGA STONE

ÜBER DAS ENDE HINAUS

Umgang mit dem Sterben –
Wege, Erfahrungen, Hoffnung

Aus dem Amerikanischen
von Diane von Weltzien

GOLDMANN

Die Originalausgabe erschien
unter dem Titel »Start the Conversation«
bei Warner Books, New York

Deutsche Erstausgabe

Der Goldmann Verlag ist ein Unternehmen
der Verlagsgruppe Bertelsmann.

Deutsche Erstausgabe Juli 1997
© 1997 der deutschsprachigen Ausgabe
Wilhelm Goldmann Verlag, München
© 1996 der Originalausgabe Ganga Stone
Umschlaggestaltung: Design Team München
Umschlagabbildung: Anneke Huyser
Satz: All-Star-Type Hilse, München
Druck: Elsnerdruck, Berlin
Verlagsnummer: 13230
Redaktion: Renate Weinberger
CL · Herstellung: Martin Strohkendl
Made in Germany
ISBN 3-442-13230-4

1 3 5 7 8 10 8 6 4 2

Widmung

Dieses Buch ist all jenen Menschen gewidmet, die zum gegenwärtigen Zeitpunkt trauern und ihrem eigenen Tod mit Angst entgegenblicken. Auf daß Ihre Qualen gelindert und von den Vorstellungen in diesem Buch ausgelöscht werden mögen.

Ich wünsche Ihnen, daß Sie die Gnade erfahren, den einfachen Lehren dieses Buches vertrauen zu können, und Sie den Mut aufbringen, sie jetzt in Ihr Leben einzubringen. Ich wünsche Ihnen, daß Friede und Vertrauen Ihre Trauer und Ihre Angst ersetzen mögen. Möge die Wahrheit Sie trösten, wie es nur die Wahrheit kann: Es gibt keinen Tod.

Dieses Werk ist Dr. Elisabeth Kübler-Ross gewidmet. Vor über einem Vierteljahrhundert begann Elisabeth die Öffentlichkeit darauf aufmerksam zu machen, wie sehr sterbende Menschen in den Krankenhäusern, ja eigentlich überall auf der Welt, unter ihrer Isolation und ihrer Verlassenheit leiden. All die Forschung, die mittlerweile in dem Bereich von Tod und Sterben erfolgte, ist ihr zu verdanken. Sie allein hat den Boden vorbereitet. Ganz allein hat sie ihn aufgebrochen und eingesät. Und die Ernte ist unermeßlich. Man kann sich heute kaum noch vorstellen, daß es vor noch gar nicht so langer Zeit zu diesem Thema weder Bücher in den Regalen noch Hospize in den größeren Städten, noch Selbsthilfegruppen oder überhaupt Gespräche über den Tod gab.

Jeder, der heute stirbt, ist Elisabeth zu tiefstem Dank verpflichtet. Wir befinden uns zu nahe am Fuß des Berges, um seine Höhe zu ermessen. Die Reichweite ihres Beitrags wird deutlicher hervortreten, wenn ein weiteres Vierteljahrhundert vergangen ist. Von dort, wo ich sitze, erscheint mir ihre Arbeit sehr, sehr wichtig. Mache weiter so, Elisabeth. Mögest du dich an den Früchten deiner Arbeit noch lange erfreuen.

5

Inhalt

Dank

Ich verdanke sehr viel den Anstrengungen jener sterbenden Freunde, die bereit waren, diesen neuen Ansatz auf ihren eigenen Tod anzuwenden, und die mir damit die Möglichkeit gaben, Ihnen zu versichern, daß diese Methode von Menschen erprobt und für gut befunden wurde. Auch Ihnen wird sie helfen.

Dafür, daß sie mich mit guten und zahlreichen Fragen herausgefordert haben, danke ich Donald Adler, Stu Colby und dem verstorbenen Tomato Bob. Außerdem geht mein Dank an alle, die an den Kursen teilgenommen haben, vor allem am Anfang, als sich die Arbeit erst noch entwickeln mußte. Kay Mitchell hat mich allein durch ihre Anwesenheit bei der Sache gehalten. Judy Loza macht es mir auch weiterhin so leicht, zu lehren. Ich danke beiden für all die Zeit, die sie eingebracht haben.

Als ein Mensch, dessen Beziehung zum Geldverdienen nie ganz unproblematisch war, fühle ich mich einem ganzen Kreis von Förderern für seine fortgesetzte Freundlichkeit verpflichtet. Immer, wenn es nötig war, sprangen sie ein, sorgten dafür, daß ich Schuhe an den Füßen, genug Essen im Bauch und ein Dach über meinem im höchsten Maße unpraktischen Kopf hatte. Der beharrlichste und bedeutendste dieser Lebensbewahrer war Constantine Photopoulos, genannt Costa.

Costa trat vor zehn Jahren in mein Leben. Ich verdiente meinen Lebensunterhalt, indem ich auf der Straße Kaffee und Croissants verkaufte. Den Rest des Tages konzentrierte ich mich auf meine ehrenamtliche Arbeit in Cabrini Hospiz. Ich war mir sicher, daß ich den Sterbenden dort etwas geben und vor allem eine Menge von ihnen lernen konnte. Dank Costa konnte ich meinen Straßenjob aufgeben und Vollzeit für die Organisation »God's Love We Deliver« (Wir überbringen Gottes

9

Liebe) arbeiten. Sie versorgte bettlägerige Aids-Kranke mit Mahlzeiten. Und das Programm hatte sich aus meiner ehrenamtlichen Arbeit im Hospiz entwickelt.

Hungrige Menschen bringen nicht viel Interesse für Gespräche auf, egal, wie tröstlich diese sind. Folglich mußte zunächst die Ernährung sichergestellt werden. Costa verschaffte der neugeborenen Einrichtung das erste Miet-, Telefon- und Briefmarkengeld. Und er unterstützte auch die Anfänge meiner Tochter, indem er dafür sorgte, daß es mir während der Schwangerschaft an nichts fehlte. Und ich aß eine Menge. Nachdem Hedley geboren war, schenkte Costa ihr sowohl seine Zeit wie auch seine Zärtlichkeit und mir damit die Gelegenheit, dieses Buch zu entwickeln. Ich weiß, Gott hat ihn uns geschickt. Aber Costa war immer frei genug, sich, wenn er es gewollt hätte, seiner Bestimmung zu entziehen. Er ist es, der alles mögliche gemacht hat. Gott weiß das.

Tante Lils großzügiges Vermächtnis im Jahr 1985 gestattete es mir, meine Aufmerksamkeit auf große Fragen wie »Was ist Tod?« statt auf kleine wie »Woher nehme ich die nächste Miete?« zu richten. Im Scherz nannte ich es den Lillian Stein Förderpreis zur Karriereentwicklung, weil es anfangs keineswegs klar war, welche Art von Berufslaufbahn hier überhaupt entstand. Tante Mary versah ihre administrativen Aufgaben mit großer Geduld und Umsicht. Bis heute hat ihr niemand richtig dafür gedankt. Vielen Dank, Mary. Auch dir, Tante Elsa, für alles, was du getan hast.

So viele wunderbare Menschen haben im Kleinen wie im Großen dafür gesorgt, daß es weitergeht. Jede einzelne Geste der Ermutigung und der Unterstützung wird für immer in meinem Gedächtnis bewahrt. Ich kann euch hier nicht alle namentlich erwähnen, aber ihr wißt, wen ich meine. Betsy Carter und Jane Best, auch ihr gehört dazu.

Geleitwort

Was Benjamin Franklin über den Tod sagte

Ich spreche Ihnen mein Beileid aus. Wir haben eine außerordentlich liebgewonnene und wertvolle Beziehung verloren. Aber es ist der Wille Gottes und der Natur, daß diese sterblichen Körper beiseite gelegt werden müssen, damit die Seele ihr tatsächliches Leben beginnen kann. Die Körperlichkeit ähnelt einem Embryozustand, einer Vorbereitung auf das Leben. Der Mensch ist nicht vollständig geboren, bis er stirbt. Warum also sollten wir darüber traurig sein, daß ein Kind neu in die Schar der Unsterblichen hineingeboren und ihre glückliche Gesellschaft um ein neues Mitleid bereichert wurde?

Wir sind Geist. Daß uns diese Körper so lange geliehen sind, wie sie uns Freude bereiten und uns darin unterstützten, Wissen zu sammeln oder Gutes an unseren Mitgeschöpfen zu tun, ist ein wohlwollender und gütiger Akt Gottes. Wenn sie diesen Zwecken nicht mehr dienen, mehr Schmerz als Freude bedeuten, statt eine Hilfe zu sein, zu einer Last werden und keine der Absichten mehr erfüllen, für die sie uns gegeben wurden, dann ist es ein ebenso wohlwollender und gütiger Akt Gottes, uns mit einem Ausweg auszurüsten, um sie wieder loszuwerden. Der Tod ist dieser Ausweg.

Wir selbst wählen manchmal aus vernünftigen Gründen einen Teiltod. Bereitwillig lassen wir uns eine entstellte Gliedmaße, die nicht mehr wiederhergestellt werden kann, abschneiden. Der eine, der sich einen Zahn ziehen läßt, verabschiedet sich bereitwillig von ihm, da mit dem Zahn auch der Schmerz von ihm genommen wird, und der andere, der seinen Körper

11

verläßt, trennt sich sogleich von allem Schmerz und allen Möglichkeiten, körperliche Schmerzen und Krankheiten zu erleiden.

Unser Freund und wir selbst sind eingeladen, im Ausland an einem Vergnügungsfest teilzunehmen, welches bis in alle Ewigkeit andauern wird. Sein Platz war zuerst bereitet, und er ist vor uns hingegangen. Wir können nicht alle im gleichen Augenblick aufbrechen. Und warum sollten Sie und ich Trauer darüber empfinden, wenn wir doch wissen, daß wir ihm bald folgen werden und wo wir ihn finden können?

Vorwort

Es war 1964. Ich war noch nicht ganz dreiundzwanzig und lebte allein in St. Louis. Im Herbst dieses Jahres reiste ich zurück nach New York, um an einer Art Familientreffen teilzunehmen. Mein Vater war zehn Monate lang auf der *SS Hope* zur See gefahren und wurde Mitte September zurückerwartet.

Die Ehe meiner Eltern war frei von Schwierigkeiten, aber sie schien dennoch, mittlerweile im fünfundzwanzigsten Jahr, fortzudauern. Die körperlichen Beschwerden – ein Schwächegefühl in Händen und Beinen, Energieverlust, Erschöpfung –, über die meine Mutter während der Abwesenheit ihres Mannes geklagt hatte, waren wahrscheinlich ein Ausdruck von Einsamkeit. Das jedenfalls nahm ich an, und ich fühlte mich darin bestärkt, weil die zahlreichen medizinischen Untersuchungen, denen sie sich Mitte Juli unterzogen hatte, keine beunruhigenden Ergebnisse gebracht hatten.

Daher war ich sehr überrascht, daß sie, als sie mir auf der Landungsbrücke entgegenkam, kaum gehen konnte. Ihr Gang war unsicher, unkoordiniert und fremd. Sie war wackelig auf den Beinen, wie ein neugeborenes Fohlen.

Wir sprachen nicht darüber, sondern gingen mit meinem Vater nach Hause, als ob alles in Ordnung sei.

Am nächsten Tag ging mein Vater zu ihrem Arzt, demselben, der uns versichert hatte, daß es kein Problem gab. Wir erfuhren, daß sie unter amyotrophischer Lateralsklerose – unter der Lou-Gehring-Krankheit (wenn sie für mich auch immer die Winifred-Stone-Krankheit heißen wird) – litt und in weniger als einem Jahr sterben würde.

Ich erinnere mich genau daran, an welcher Stelle ich stand, als er es mir sagte. Ich war allein im Zimmer meiner Schwester. Mein Vater trat ein, ohne anzuklopfen, sagte: »Deine Mutter

13

wird in weniger als einem Jahr tot sein«, und ging wieder hinaus.

Ich erinnere mich an die Falltür, die sich unter meinen Füßen auftat. Ich erinnere mich an den erschreckenden freien Fall ins All. Ich erinnere mich an das Entsetzen, das mich erfaßte. Ich erinnere mich an die Trauer, die meinen Geist packte, die mir meine Freude nahm, die mich niemals wieder aus ihrem Griff lassen würde.

Ich erinnere mich an mein angestrengtes Bemühen, in Anwesenheit meiner Mutter »normal« zu sein. Ich erinnere mich an die Isolation, in die jeder von uns gezogen wurde, weil das, was wir alle gemeinsam hatten, nicht angesprochen werden durfte.

Einige Tage verbrachte ich daheim, dann flog ich zurück nach St. Louis. Aber ich konnte mich jetzt nicht mehr auf meine Arbeit konzentrieren: Ich war abgelenkt und meine Hände zitterten. Meine Chefin Sahra war Neuropathologin. Sie erklärte mir, daß die Krankheit meiner Mutter nur selten vorkommt. Deshalb, so sagte Sahra nüchtern, würde sie sich freuen, wenn sie etwas von dem Gewebe bekommen könnte, entweder bei der Autopsie oder davor. Ich erinnere mich, daß ich dachte: »Aber das ist doch meine Mutter ... meine Mami.«

Nie hatte irgendwer im Verlauf meiner ausgezeichneten Privatschulerziehung oder während der Jahre im College diese Möglichkeit erwähnt – »He, weißt du, deine Mutter könnte eines Tages sterben.« Vielleicht, ja, vielleicht wäre der Schock ein klein wenig geringer gewesen, wenn mir auch einmal klar geworden wäre, daß dies geschehen kann.

Aber so, wie die Dinge standen, gab es keine geeigneten Werkzeuge in meinem Koffer. Unsere Erziehung war »ethischhumanistisch« gewesen, wenn man es denn so nennen will. Wir waren Aktivisten, politisch bewußte und engagierte Menschen, deren Vorstellung vom Guten in sozialen Veränderungen zum Ausdruck kam. Wir meinten, über religiösen oder spirituellen Angelegenheiten zu stehen und diese verachten zu dürfen, auch wenn meine Mutter eine nur schlecht verborgene

14

Sehnsucht danach in sich trug, auf irgendeine Weise zu dem Lutherischen Glauben ihrer Kindheit zurückzufinden. Sie kam jedoch nicht über eine durch tiefe Unentschlossenheit geprägte Beziehung zu einer ortsansässigen Unitarierkirche hinaus, die mein Vater kaum tolerieren konnte und die uns Kinder gleichgültig ließ.

Da war ich also nun – ja, da waren wir alle –, ohne einen Fingerzeig, ohne einen Verbündeten, ohne Hoffnung.

In den Monaten nach der Diagnose nahm ich einen verrückten, einsamen Pendelverkehr zwischen St. Louis und Baltimore auf. Ich konnte in St. Louis einfach nicht still sitzen – der Schmerz war zu groß. Ich konnte aber auch nicht nach New York – das hätte sie darauf aufmerksam gemacht (als ob sie das nicht schon längst wußte), das etwas nicht in Ordnung war. Und daher setzte ich mich in meinen langen, siebenundfünfziger Plymouth – rot war er, hatte weiße Heckflossen und machte Fahrt auf Fahrt – mit einem ausreichenden Vorrat an Zigaretten und Energizer-Dosen auf dem Beifahrersitz.

Von Baltimore aus, wo mein Freund wohnte und wo ich leicht einen Job als Kellnerin finden konnte, machte ich kleine Wochenendtrips nach New York, und ich schneite wie zufällig bei meiner Mutter herein – mit Entsetzen bemerkte ich, wie ihr einstmals robuster Körper von Hinfälligkeit in Beschlag genommen wurde.

Schließlich, im Januar, fiel sie auf dem Weg zur Arbeit hin und konnte nicht mehr aufstehen. Sie gab ihre Arbeit auf und lag nun den ganzen Tag zu Hause im Bett. Weil ihre Krankheit damit offiziell und offensichtlich war, konnte ich es mir erlauben, zurück nach New York zu ziehen. Und das war es, was ich in den ersten Monaten des neuen Jahres tat.

Sie hielt noch sieben Monate durch. Ich besuchte sie jeden Tag. Wir sprachen nie darüber, daß sie starb – nicht mit einem Wort. Meine Mutter war eine intelligente Frau, eine Bibliothekarin. Sie hatte ihre Forschungsarbeit zweifellos getan. Sie mußte den Namen dessen, was sie hatte, kennen. Aber wir sprachen nie darüber.

15

Ein Geistlicher aus ihrem Heimatort in Wisconsin wollte sie besuchen. Sie lehnte ab. Eine Lieblingsnichte kam aus Kalifornien zu Besuch und blieb drei Wochen. Sie redeten und redeten. Gleich nachdem Carol fort war, sagte meine Mutter: »Jetzt ist es soweit, ich muß ins Krankenhaus.« Danach konnte sie weder sprechen noch ihren Körper bewegen. Nicht fähig zu sein, die Seiten eines Buches umzublättern, nicht lesen oder sich unterhalten zu können – dies waren keine annehmbaren Lebensumstände für meine Mutter. »Laß uns gehen«, sagte sie.

Es war an einem Donnerstagabend, am 15. Juli 1996 gegen 17.30 Uhr. Wir brachten sie in einem Rollstuhl zu der wartenden Ambulanz hinunter und wußten, daß sie ihr Heim zum letzten Mal verließ. Einige Nachbarn hielten auf der ruhigen Straße vor unserem Haus an, um sich zu verabschieden, behutsam und doch zärtlich ihre kraftlose Hand streichelnd. Es gab Tränen.

Im Krankenhaus war kein Bett für sie frei, also bauten sie eins im Besucherfoyer auf. Ich blieb dort bei ihr und schlief auf dem klebrigen Vinylsofa neben ihrem Bett. Der zuständige Arzt brach zu einer Wochenendfahrt auf, gleich nachdem er die Aufnahmepapiere für sie fertig gemacht hatte.

Ich erinnere mich an die Stunden, die ich, die Taschen voller Kleingeld, schwitzend und weinend, in der Telefonzelle im Besucherfoyer zubrachte. Ich war verzweifelt, hoffnungslos und erstickte geradezu an meinem unaussprechlichen Schmerz. Ich sprach mit jedem, den ich an den Apparat bekommen konnte. Wie konnte das nur sein? Wie? Mir fehlten die Mittel, um meine Qual unter Kontrolle zu halten. Ich dachte, ich müßte explodieren.

Am Montag schließlich kam es zu einem Treffen mit ihrem Arzt. Meine Schwester und ich hatten uns schon vorher dazu entschlossen, unseren Vater in seinen Bemühungen zu unterstützen, den Arzt von ausgefallenen lebensverlängernden Maßnahmen abzuhalten. Wir fragten danach, wann mit ihrem Tod zu rechnen sei. Er antwortete, es könne sich um Tage han-

16

deln – oder um Wochen. Mein Vater und meine Schwester gingen nach Hause. Ich rannte dem Arzt im Gang hinterher.

»Hören Sie«, sagte ich, »ich möchte, daß Sie ihre Codein-Medikation von fünfzehn auf fünfundvierzig heraufsetzen.«

»Das würde ihre Atmung unterdrücken«, entgegnete er.

»Das ist es ja«, erklärte ich, »was ich will.«

Ich sah zu, wie er die verlangte Dosierung im Krankenblatt meiner Mutter festhielt. Die nächste Spritze sollte sie um 14.00 Uhr erhalten. Meine Mutter hatte jetzt ihre eigene Krankenschwester, die um 14.00 Uhr jedoch in ihrer Mittagspause war. Ich ging sie holen. Ich achtete darauf, daß sie die Dosierungsänderung auch wirklich sah. Ich schaute zu, wie sie meiner Mutter die Spritze gab.

Die Krankenschwester saß da und strickte. Ich hielt die Hand meiner Mutter. »Mach dir keine Sorgen, Mami, das wird nicht schwer. Ich bin bei dir, hab keine Angst.« Eine halbe Stunde später wurde die Hand meiner Mutter kälter und ihre Atemzüge langsamer. Ich sprach weiterhin ruhig zu ihr, obwohl wachsende Panik mein Herz umklammert hielt. Alles schien so langsam zu gehen. Es war alles so surreal. Ich sah fasziniert und entsetzt zu, wie die bläuliche Farbe ihren Arm hinaufgekrochen kam.

Um 15.10 Uhr glitt eine Träne, nur eine, die Wange meiner Mutter hinunter – über jene Wange, die mir am nächsten war, die linke. Ihr Kopf sank langsam zurück, ihr Mund öffnete sich, und sie war fort.

Ich vermochte zu erkennen, daß das, was da auf dem Bett lag, nicht mehr länger meine Mutter war. Es war *etwas,* nicht *jemand,* doch habe ich Jahre gebraucht, bis ich den tieferen Sinn dieses Unterschieds begriff.

Assistenzärzte kamen herbeigerannt, warfen sich über das Bett und hämmerten mit ihren großen Fäusten auf ihre Brust. »Hören Sie auf, aufhören!« schrie ich. »Lassen Sie sie in Ruhe – lassen Sie sie in Ruhe – lassen Sie sie in Ruhe!«

Krankenpfleger kamen, um den verlassenen Körper fortzuschaffen. Aber zuerst schickten sie all die anderen Patienten

17

zurück auf ihre Zimmer, damit sie sich, wie ich annahm, nicht fürchten oder aufregen würden. Ich erinnere mich daran, daß sie meiner Mutter ein Handtuch um den Kopf wickelten und es auf der Seite, wo ihre Wange gewesen sein muß, mit einer übergroßen Sicherheitsnadel befestigten. Ich sah zu, wie sie das eingewickelte Bündel auf der Bahre den Gang entlang schoben, in den Transportaufzug und fort.

In ihrem Zimmer blieb nur ihre Haarbürste mit ein paar silbrigen Haaren zurück – und ein feuchter Fleck auf der Matratze, dort, wo ihr Körper gelegen hatte.

Vielleicht war die Trauer, unter der ich in den folgenden Jahren zu leiden hatte, nicht ohne Sinn. Meine Mutter war scheinbar die einzige in der Familie gewesen, die meine lebhafte, verwirrte, komplizierte Persönlichkeit zu schätzen wußte. Sogar ich selbst brachte nicht viel Hoffnung für mich auf – doch sie schien dazu fähig zu sein.

In den Jahren, die von meinen Zwanzigern übrig waren, tat ich das, was in dieser Zeit – den sechziger/siebziger Jahren – und an diesem Ort – New York City – üblich war. Ich arbeitete, heiratete, bekam ein Kind, ließ mich scheiden, vertrat das eine oder andere politische Anliegen, aber alles ohne Leichtigkeit und ohne Freude. Nichts vermochte das beständige Brummen dieses Schmerzes zu lindern: Meine Mutter ist gestorben – meine Mutter ist gestorben – sie ist fort – sie ist fort.

Elf Jahre vergingen, und meine Suche nach einer Linderung war noch immer im Gange. Im ausgehenden Sommer 1976 befand ich mich im Ashram von Swami Muktananda im nördlichen Teil des Staates New York. Dort gab es eine Frau, mit der ich auch nach unserer Rückkehr in die Stadt in Verbindung bleiben wollte. Jede von uns hatte ein Stück Papier, auf das wir den Namen der anderen schreiben sollten. Auf ihr Papier schrieb Madeleine »Winifred Stone«.

Sie sah das Papier an, dann mich und wieder das Papier. »Ganga, war dein Name nicht Ingrid, bevor Baba dir den Namen Ganga gegeben hat? Wer um alles in der Welt ist also Winifred Stone?«

18

Die Zeit blieb stehen, und auch ich blickte auf das Blatt Papier. Madeleine war eine winzig kleine Frau – höchstens einen Meter fünfzig groß. Ihre Handschrift entsprach ihrem Wesen und war exakt und winzig – zwei Zeilen kleinster Druckbuchstaben, wo bei mir nur eine war. Aber meine Mutter hatte einen fülligen Frauenkörper besessen und die schwungvolle, kühne Handschrift einer großen Frau.

Die Worte »Winifred Stone« auf Madeleines Blatt standen dort in der Handschrift meiner Mutter.

Das ist der Grund, warum ich, liebe Leserin und lieber Leser, dies für Sie niederschreibe. Weil Sie vielleicht, wie ich es war, in Gefahr sind, Jahre Ihres Lebens zu verlieren – Jahre gestohlen von einer Trauer, die auf ein Mißverständnis zurückgeht, welches sich in unserer Kultur so hartnäckig behauptet, auf das Mißverständnis, daß nämlich der *Person* das geschieht, was dem sterblichen Körper widerfährt.

Dieses »Winifred Stone« auf dem Stück Papier machte mir klar, daß meine Mutter, in welchem Zustand auch immer sie sich befand, weiter existierte. Sie war nicht ausgeblasen wie das Licht einer Kerze. Sie war vielleicht an einen anderen Ort versetzt worden. Aber sie war nicht ausgelöscht. Und dies war kein kleiner Unterschied. Für mein trauerndes Herz bedeutete dieser Unterschied die ganze Welt.

Maui, am 27. April 1993

19

Einführung

Der Sinn dieses Buches und wie es entstand

Als ich vor einiger Zeit meiner alten Freundin Ana in die Arme rannte, erzählte ich ihr, daß ich jetzt einen Kurs mit dem Titel »Start the Conversation« (Das Gespräch beginnen) leitete, der zum Inhalt hat, wie man den Tod verstehen und sich auf ihn vorbereiten kann. Ana entgegnete sichtlich amüsiert, aber auch ein wenig ärgerlich: »Aber, Ganga, du erzählst doch schon seit zwanzig Jahren vollkommen gesunden Menschen etwas über den Tod.«

Wir mußten beide lachen, denn sie hatte recht. *Tatsächlich* versuche ich seit mindestens zwanzig Jahren, mit allen möglichen gesunden Leuten über den Tod zu sprechen. Sie können sich sicherlich vorstellen, daß vernünftige, gesunde Menschen mir die ganze Zeit in Scharen aus dem Weg gegangen sind.

In diesem Buch möchte ich mit Ihnen ein Gespräch über den Tod führen, ein ganz anderes Gespräch, als Sie es je geführt haben. Es basiert auf einem sechswöchigen Kurs über den Tod. Den Kurs namens »Start the Conversation«, biete ich seit 1989 an.

Bei meinem besten Freund Michael hatte man Aids diagnostiziert. Uns war beiden aufgefallen, daß es zwar eine ganze Reihe von Möglichkeiten gab, um etwas über neue Behandlungsformen in Erfahrung zu bringen und um über Heilung (sowohl auf der körperlichen wie auf der spirituellen Ebene) zu sprechen, daß jedoch niemand auch nur die grundlegendsten und einfachsten Gespräche über den Tod anbot. Doch für Michael wie für viele seiner Freunde war der Tod die entscheidende Sorge.

Meine Erfahrungen mit dem Sterben meiner Mutter hatten mein Interesse für die Natur des Todes geweckt. Ich habe fünf-

21

undzwanzig Jahre damit zugebracht, den Tod und alles, was man über ihn weiß, im Rahmen der westlichen Wissenschaft und im Rahmen von westlichen wie östlichen Religionen zu studieren. Ich bin der unerschütterlichen Auffassung, daß das physische Ereignis, welches wir Tod nennen, einem Übergang, einem Hinaustreten des Geistes aus dem Körper gleichkommt. Tod ist der Augenblick der Trennung, eine Weggabelung, an der zwei sehr enge Freunde voneinander Abschied nehmen. Der Geist setzt seinen Weg fort, und der Körper bleibt zurück. Wir sind Geist. Wir bleiben bestehen.

Ich weiß, weiß ganz sicher, daß der Tod nichts an sich hat, wovor man sich fürchten muß. Doch begegnete ich, wenn ich meine Freunde in der Intensivstation oder in der Notaufnahme besuchte, immer wieder dem Antlitz des reinen Entsetzens. Sie alle fürchteten sich so sehr davor, zu sterben. Es brach mir das Herz.

Wegen dieses sinnlosen Leidens fing ich vorsichtig an, mit Menschen, die wußten, daß sie bald sterben würden, vor allem also mit meinen an Aids erkrankten Freunden, informelle Gespräche über den Tod zu führen. Diese Gespräche linderten ihre Ängste. Und ihre Trauer verwandelte sich in Traurigkeit, die ihrerseits den Blick auf die Lieblichkeit des alltäglichen Lebens freigab, die ohne diese entsetzliche Angst so viel besser ausgekostet werden konnte.

Michael fand, daß ich diese Gespräche als Kurs anbieten sollte, und so legten wir los. Als sich Start the Conversation nach einem Jahr neu organisierte, wurde ich eingeladen, meine Arbeit bei Friends in Deed (Freunde in der Tat), einer Hilfsorganisation für Aids- und Krebskranke, fortzusetzen. Und dort sind wir seit sechs Jahren zu finden.

Cynthia O'Neil, die Begründerin von Friends in Deed, sagt mir, daß man leicht erkennen kann, wer den Kurs gemacht hat und wer nicht. Letztere erleben die Auflösung ihres Körpers mit der »normalen« Panik, Angst und Verzweiflung. Aber unsere Kursteilnehmer begegnen dem gleichen Prozeß ganz anders: Sie blicken vertrauensvoll auf das Ende, gehen so viel entspannter mit ihren körperlichen Veränderungen um und zögern keinen Augenblick, auf die schmerzlindernden Mittel zurückzugreifen, die sie für ein gutes, qualitätsvolles Leben benötigen. Depressionen kommen bei ihnen selten vor.

Wer dieses Buch liest, dem wird es gehen, als besuche er meinen Kurs. Gemeinsam werden wir an einer Art Puzzlespiel arbeiten. Zusammen werden wir die einzelnen Stücke umdrehen, und ich zeige Ihnen, wohin sie passen. Aber letztlich setzen Sie das Bild für sich selbst zusammen. Auf diese Weise werden Sie in sich Ihre *eigene* Überzeugung aufbauen, daß es keinen Tod gibt. Wenn Sie dann eines Tages, wie es jedem von uns bevorsteht, diese Überzeugung brauchen, dann wird sie für Sie bereitstehen.

Ich scherze mit meinen Kursteilnehmern gerne darüber, daß ich mir auf jeder beliebigen, überlaufenen Party den Weg zur Bar oder zum kalten Büfett frei machen kann, indem ich einfach nur laut, an niemanden Bestimmten gerichtet erwähne, daß ich eine Sterbelehrerin bin.

Die Menschen scheinen zu fürchten, daß sie sich bei mir mit dem Tod anstecken. »Hört mal«, sage ich zu ihnen, »ihr habt euch bei euren Müttern auf der Entbindungsstation angesteckt. Euer Schicksal ist schon längst beschlossene Sache.«

Death Education and Preparation Services, Inc. (Gesellschaft zur Sterbeschulung und Todesvorbereitung) – selbst die Jungs, die meine Visitenkarten druckten, wurden nervös. Natürlich wollen die meisten gesunden Menschen nicht mehr über den Tod lernen, als unbedingt notwendig ist. Und was die Vorbereitung angeht, so wollen die meisten nicht über den Abschluß einer Lebensversicherung hinausgehen, und auch diesen Schritt tun sie nur als eine Art Zauber, der sie davor schützen soll, die Versicherung jemals in Anspruch nehmen zu müssen.

Wir wollen einfach nicht sterben. Wir wollen auch nicht, daß irgend jemand, den wir lieben, stirbt. Wir wollen nicht daran denken, darüber sprechen oder irgend etwas damit zu tun haben. Dies gilt insbesondere für Frauen mit kleinen Kindern und für Menschen, die frisch verliebt sind. Ich habe jedoch

23

festgestellt, daß Mütter sehr wohl daran denken und sich deshalb dauernd Sorgen machen – »Lieber Gott, bitte laß meine Kinder nicht sterben.«

Also verstecken wir den Tod unter dem Wohnzimmerteppich oder im Abstellraum und verbringen unser Leben damit, um ihn herumzuschleichen oder über ihn zu fallen oder so zu tun, als sei er nicht da. Wenn es um den Tod geht, dann verhalten wir uns gern wie der Vogel Strauß: den Kopf in den Sand und den Hintern in der frischen Luft. Welch würdevolle Haltung!

Es gibt natürlich einen Grund für die Furcht und für das Leugnen. Wir glauben wirklich daran, daß der Tod das Ende ist. Und wenn dies tatsächlich zuträfe, dann könnte unsere Angst gar nicht groß genug sein. Und keine Trauer würde jemals ausreichen.

Hören Sie, der Tod ist ein Übergang. Wir alle überleben. Dessen bin ich mir absolut sicher. Wenn Sie dieses lebhafte und erfreuliche Buch erst gelesen haben, dann werden Sie sich ebenfalls sicher sein. Das Wissen um die Wahrheit über den Tod wird Sie in die Freiheit führen. So wird es tatsächlich sein – Sie werden frei sein, um furchtlos, überschwenglich, reich und ohne Trauer zu leben.

Die Tarnung durchschauen

Hier ist eine kleine Geschichte, die mir ein pensionierter Richter erzählt hat: »Im letzten Krieg war ich bei der Armee. Meine Aufgabe war es, ganz niedrig über das Land zu fliegen und Panzer und kleine Flugzeuge aufzuspüren, die unter einer Tarnung aus Stoff am Boden verborgen waren. Ich bin farbenblind, und deshalb kann ich die Tarnung nicht sehen. Ich kann also nur die Form des Gegenstands an sich erkennen.«

Es gibt so viele ausgezeichnete und faszinierende Bücher über den Tod, von denen viele erst in den letzten Jahren veröffentlicht wurden. Manche von ihnen versorgen Sie mit dem Rohmaterial, auf das ich mich ebenfalls beziehen werde, und andere halten nicht nur eine tiefgründige, gelehrte Analyse der Todesnähe-Erfahrung bereit, sondern auch viele interessante Theorien, die erarbeitet wurden, um diese Dinge zu erklären.

Jeder Beitrag in diesem Bereich ist ein Stück zu einem riesigen Puzzlespiel, ein Puzzle, welches die Menschheit zu allen Zeiten beschäftigt hat und hinter dem die Frage steht: Was ist der Tod wirklich? Die Wahrheit findet sich tatsächlich in kleinen Stücken und Teilen über all diese Bücher verteilt. Doch die Wahrheit ist getarnt – und dies auf sehr effektive Weise – durch die Fülle von Informationen und Theorien, die in diesen Texten enthalten sind. Es sind einfach zu viele Puzzlestückchen, die man erst von überall her zusammentragen muß, um ein vollständiges Bild zu erhalten.

Hinzu kommt, daß man im Fall einer Notsituation oder einer schwerwiegenden Diagnose natürlich zu schockiert ist, um dann erst über den Tod nachzudenken oder zu -lesen. Und wenn Sie Ihre Augen in dieser Situation über die Regale in Ihrer Buchhandlung gleiten lassen, dann sehen Sie nur die Tarnung.

Bisher hat es kein einzelnes Buch gegeben, welches all diese Fragmente der Wahrheit zusammenführt und in einer geordneten, logischen Präsentation darlegt, der jeder folgen und die jeder verstehen kann. Jetzt gibt es eines.

Dieses Buch wird Sie bei der Hand nehmen und durch den Prozeß führen, den auch ich durchlaufen habe: Gemeinsam werden wir nur die Puzzlestückchen umdrehen, die ein Teil des Bildes sind, das ich sehe und mit Ihnen teilen möchte.

Wir werden viele der im Augenblick populären Texte, vor allem jene aus dem Tibetischen Buddhismus und dem Hinduismus, mit dem Gesicht nach unten auf dem Tisch liegen lassen – nicht etwa deshalb, weil sie nicht die Wahrheit widerspiegeln, sondern weil sie für den westlichen Verstand in diesen Schriften nur schwer zu erkennen ist. Für die meisten von uns enthüllen diese Bücher keineswegs bereitwillig die tatsächliche Gestalt der Sache.

Jeder, der – wie ich das Glück hatte – eine Ausbildung in östlicher Gedankenwelt genossen hat, wird sofort erkennen, daß mein Ansatz nichts wirklich Neues anbietet. Jemand warf meinem Lehrer Swami Muktananda einmal vor, daß er Grundsätze liefere, die nichts als alte Hüte seien. Baba lachte nur und wies darauf hin, daß sich die Wahrheit in zwölftausend Jahren kein bißchen verändert habe.

Natürlich gibt es nichts Neues unter der Sonne. Ich füge hier lediglich Fakten, Vorstellungen und weltliche Beobachtungen auf eine Weise zusammen, die für einen normalen Amerikaner oder Europäer, der Zeitungen und Zeitschriften liest, ab und zu ins Kino geht und im Alltag nach Weisheit sucht, welcher Art sie auch sein mag, einen Sinn ergeben.

Dieses Buch ist so gestaltet, daß es sowohl für diejenigen, die sich in einer Notsituation befinden, eine erste Hilfe ist, als auch jene unterstützt, die einen Grund zu der Annahme haben, daß sie selbst oder alle, die sie lieben, eines Tages sterben müssen.

Die Grundsätze, die ich Ihnen präsentiere, sind nicht durch eine Vielzahl von Beispielen und Belegstellen untermauert, denn ich möchte, daß sich diese Kernaussagen klar von dem Durcheinander von Vorstellungen in diesem Bücherregal, welches ich zuvor erwähnte, abheben. Mit anderen Worten, ich habe mich bewußt dafür entschieden, jeden Punkt nicht erschöpfend zu illustrieren und zu dokumentieren.

Am Ende der meisten Kapitel sind einige Buchtitel aufgeführt, mit deren Hilfe Sie, wenn Sie es wünschen, Ihr Wissen vertiefen können. Außerdem gibt es ein paar sehr unterhaltsame Hollywood-Filme, die meine Vorstellungen wunderbar herausarbeiten und nebenbei eine Menge Spaß machen. Ich nenne Ihnen auch diese für den Fall, daß Sie sich gern Videos ausleihen.

Die veränderte Wahrnehmung, die dieses Buch in Ihnen auslösen wird, kann Traurigkeit nicht ausschließen. Sie grenzt nicht die Fülle und Eindringlichkeit menschlichen Lebens aus. Das ist nicht möglich. Selbstverständlich *werden* wir von den

Menschen getrennt, die wir lieben, und diese Trennungen können jederzeit bevorstehen. Aber Sie werden diese vor einem neuen Hintergrund erleben, und sie werden sie nicht auslöschen.

Der unmittelbare Nutzen dieses Buches hängt davon ab, wie dringend Ihre Situation ist. Wenn Sie einen Sterbenden begleiten, dann wird es Ihnen sehr viel leichter fallen, voll anwesend zu sein. Es wird nicht notwendig sein, daß Sie zunächst Ihre Ängste niederringen müssen, bevor Sie überhaupt das Zimmer betreten können. Sie werden wissen, daß dort nichts Beängstigendes vor sich geht. Und Sie werden sich nicht erst durch Ihre Trauer hindurchwühlen müssen, um ein Lächeln zu erzwingen. Es wird Ihnen möglich sein, Ihre Tränen zuzulassen, so daß Ihr sterbender Freund Ihre Traurigkeit sieht, die Ihre Liebe widerspiegelt.

Wenn Sie selbst bald sterben, dann bin ich sehr froh, daß Sie dieses Buch jetzt gefunden haben. Es wird Sie trösten. Ein Kursteilnehmer und Freund, der vor kurzem gestorben ist, kommt mir dabei in den Sinn. John war ein normaler Bursche aus Oklahoma, ein liebenswerter und ruhiger junger Mann. Sein Körper verfiel in seinen letzten beiden Jahren auf dramatische Weise. Er mußte mit Blindheit, massivem Gewichtsverlust und Demütigungen aller Art zurechtkommen. Aber er hatte keine Angst. Er setzte sich ruhig mit den körperlichen Herausforderungen, denen er sich gegenübergestellt sah, auseinander. Er achtete darauf, daß er genug Medikamente gegen Schmerzen bekam. Er litt nicht unnötig.

John hatte vier Jahre lang den Kurs besucht, und ich liebte ihn sehr. Ich fragte ihn irgendwann, warum er mich nicht häufiger oder überhaupt ab und zu anriefe. »Aus welchem Grund sollte ich das tun?« entgegnete er. »Ich habe ja all die Werkzeuge, die du mir gegeben hast. Das ist vollkommen ausreichend.«

Vielleicht brauchen Sie diese Werkzeuge nicht sofort. Also betrachten Sie dieses Buch wie eine Lebensversicherung. Die meisten Menschen, die in eine Lebensversicherung investieren,

27

können sich nicht recht vorstellen, daß sie einmal von geliebten Menschen eingelöst werden könnte. Doch wenn der Zeitpunkt gekommen ist, dann sind wir entsetzlich froh, daß es sie gibt. Selbst wenn dieses Buch für Sie im Augenblick nicht von unmittelbarem Interesse ist, irgendwann wird es wichtig für Sie sein. Jeder von uns wird dieses Wissen schließlich brauchen.

Etwas wie den Tod gibt es tatsächlich nicht. Das ist die reinste Wahrheit. So liegen die Dinge wirklich. So, nun wollen wir anfangen.

1.

Das ist ungerecht!

Ein Mensch, den Sie lieben, liegt im Sterben. Oder vielleicht sind Sie es selbst. Man hat es Ihnen gerade im Sprechzimmer des Arztes oder über das Telefon mitgeteilt. Es war ein schrecklicher Unfall, eine tödliche Diagnose.

Gleich nach dem ersten Schock sagen oder denken die meisten Menschen etwas wie: »Das ist ungerecht!« Und wenn es Ihnen geht wie den meisten Menschen, dann folgen gleich danach Fragen wie: »Warum ich? Warum so? Warum gerade jetzt?«

Suchen Sie nach dem Vertrag, der Ihnen oder irgend jemandem, den Sie lieben, Lebensgefährte, Eltern, Kinder, ein langes, gesundes Leben garantiert. Sie können ihn in Ihrer Brieftasche nicht finden? Auch nicht zwischen den wichtigen Unterlagen, die Sie im Safe deponiert haben? Überhaupt nirgendwo? Ich kann meinen auch nirgends finden.

Die Wahrheit ist: ein solches Dokument gibt es nicht. Wahrscheinlich haben Sie einen Mietvertrag für Ihre Wohnung. Oder Sie sind für Ihr Haus als Besitzer eingetragen. Vielleicht gehört Ihnen Ihr Auto oder Sie haben einen Leasingvertrag dafür. Solche Verträge geben genau die Bedingungen wider, unter denen Sie in Ihrem Haus leben oder Ihr Auto fahren dürfen.

Sie wissen, daß Sie sich abends ruhig ins Bett legen können, weil Ihr Vermieter nicht einfach vorbeikommen und Sie in Ihrer Nachtruhe stören darf – jedenfalls so lange nicht, wie Ihr Mietvertrag Gültigkeit besitzt. Obwohl er der Eigentümer des Anwesens ist, hat er nicht das Recht, Sie rauszuschmeißen, wann es ihm paßt. Wenn er es dennoch versuchen würde, dann stünde es Ihnen frei, ihn zu verklagen. Und Sie würden gewinnen.

Doch der Körper, an dem der Mensch so sehr hängt, kann von seinem Hersteller jederzeit zurückverlangt werden. Wenn

29

die Besitzrechte abgelaufen sind, dann läßt sich daran nichts ändern. Eine Kündigungsfrist oder etwas Ähnliches muß nicht eingehalten werden. Und es gibt auch keine Möglichkeit, sich davor irgendwohin zu flüchten, und man kann auch nicht in die Berufung gehen.

Der Vertrag, der sozusagen die Benutzung des Körpers reglementiert, liest sich etwa so:

Mietvertrag
Ein schöner, neuer Körper wird zum befristeten Gebrauch an Erika Mustermann vermietet.

Vertragsbedingungen: Der Vertrag kann jederzeit, nach Belieben des Herstellers, erlöschen.

Vertragsverpflichtungen: Der Körper muß durch den Mieter auf eigene Kosten unterhalten werden. Auf mögliche Verbesserungen muß verzichtet werden, wenn der Körper zurückgegeben wird.

Vertragsende: Jederzeit, allerorts und ohne vorherige Kündigung. Bittgesuche müssen nicht angehört werden. Der Mieter muß den Mietgegenstand sofort freigeben, ob er darauf vorbereitet ist oder nicht.

Wenn Sie sich im Zusammenhang mit Ihrer Wohnung oder Ihrem Haus auf solche Vertragsbedingungen eingelassen hätten, wären Sie dann nicht wenigstens für unvorhersehbare Fälle gerüstet – zum Beispiel, indem Sie eine Zahnbürste und Unterwäsche zum Wechseln in einem kleinen Beutel neben der Tür bereithielten? Oder ein zweites Paar feste Schuhe im Kofferraum Ihres Autos deponieren?

Man will die Bedingungen, welche die Benutzung des Körpers reglementieren, einfach nicht zur Kenntnis nehmen, auch dann nicht, wenn man immer wieder mit der Nase darauf gestoßen wird. Als Sie sich vor einem Beamten des Standesamts, einem Rabbi, Priester oder vor einem anderen Geistlichen aufstellten und Ihrem Lebensgefährten das Versprechen gaben, ihn zu lieben, »bis der Tod euch scheidet«, glaubten Sie da, daß der Geistliche Ihrer beider Tod vorwegnahm?

Als man Ihnen die Geburtsurkunde Ihres erstgeborenen Kindes überreichte, haben Sie da in der Freude des Augenblicks die Sterbeurkunde nicht bemerkt, die blaß auf der Rückseite des Dokuments noch ohne Sterbedatum und -ort zu finden ist?

Wie lange geht das schon so?

Die Wahrheit ist, daß die Sterblichkeitsrate der menschlichen Rasse bis zum heutigen Tage bei hundert Prozent liegt. Das betrifft alle Kinder, alle Frauen und alle Männer. Es ist nicht vernünftig, darauf zu hoffen, daß man auch nur einen Körper lebendig hier herausholen kann. *Kein* Körper kommt hier lebend raus. Dies ist eine sehr schlimme Nachricht für Sie, wenn Sie Ihr Identitätsgefühl allein über Ihren Körper definieren. Wissen Sie jedoch bereits, daß Sie nicht Ihr Körper *sind*, dann spielt sie keine große Rolle für Sie.

Wenn Sie sich dessen bewußt sind, daß Ihr Körper jederzeit vom Hersteller zurückgefordert werden kann, dann hilft Ihnen das ein großes Stück weiter. Hier ist ein Beispiel, das verdeutlicht, was ich meine.

Tobys Geschichte

Eines Sommers hielt ich mich mit einer Gruppe von Müttern am Strand auf, während unsere Kinder im warmen, seichten Wasser der Bucht planschten. Wir begannen, über Sterblichkeit zu reden, und da es sich dabei um das Thema handelt, das mich am meisten interessiert, war ich fasziniert, als eine der Frauen erzählte, daß sie vor sechs Jahren einen Jungen geboren hatte, der ein so kompliziertes Aufgebot an angeborenen Krankheiten mitbrachte, daß es ihm nicht gelang, in seinem kleinen, unmöglichen Körper zu bleiben. Er starb nach drei herzzerreißenden Monaten: Ein lebhaftes, ohne Zweifel intelligentes kleines Wesen, dem einfach kein spielbares Blatt ausgeteilt worden war und das seine Karten folgerichtig schon früh im Verlauf des Spiels zusammengeschoben und abgelegt hatte. Eine der Mütter fragte Toby, wie es ihr jetzt damit ginge, ob sie über den Verlust hinweg sei oder noch immer um ihren Sohn trauere. Hier ist Tobys Antwort:

»Ich trauere gar nicht mehr – obwohl ich in den ersten Monaten danach vollkommen aufgelöst war. Ich lief in der Stadt umher und weinte ununterbrochen. Dann, eines Nachmittags, fand ich mich plötzlich im Museum für Naturkunde wieder – im Ernst, ich habe keine Ahnung, wie ich da überhaupt reingekommen bin. Die hatten eine große Ausstellung über den Lebenszyklus der Heuschrecke aufgebaut. Man konnte nicht daran vorbeigehen.

Also, ich interessiere mich nicht besonders für Heuschrecken oder irgendwelche anderen Käfer. Aber ich stand trotzdem vor den Schaukästen, in der für mich damals typischen betäubten Art, und wartete auf den Impuls, mich von irgend etwas ablenken zu lassen. Nach einer Weile jedoch drangen die Einzelheiten der Heuschreckenausstellung bis zu mir vor.

Ich erkannte, daß Mutterheuschrecken Tausende und Abertausende Eier legen müssen, um sicherzugehen, daß ein paar Individuen überleben. Nicht jedes Ei ist lebensfähig, also legen sie viele, viele. Das ist ihr Schicksal. So ist es immer schon gewesen.

So ist es auch für uns, das begriff ich schließlich. Ich hatte mich in einem winzigen Detail verloren, in meiner eigenen kleinen Ecke der Welt, in meiner Trauer. Und was war das für eine qualvolle Trauer! Aber in diesem Augenblick fuhr die Kamera zurück [Toby ist eine Filmemacherin], der Ausschnitt wurde viel größer und dieses neue, dieses umfassende Bild raubte mir den Atem.

Das geht schon seit Äonen so! Das war es, was meine Trauer fortnahm – das plötzliche sichere Gefühl, daß mein Baby, mein Mann und ich ein Teil des Ganzen sind. Daß es tatsächlich diesen Platz in der natürlichen Ordnung der Dinge für uns und unseren Sohn gibt.«

In meinem Kurs erzähle ich manchmal Tobys Geschichte und erwähne außerdem, daß Paare in manchen Ländern der

32

Welt sieben oder acht Kinder zur Welt bringen müssen, um wenigstens zwei oder drei von ihnen bis ins Jugendalter durchzubringen. So ist es, und so wird es immer sein, denn so ist es schon seit undenkbaren Zeiten. So lautet der Vertrag. Das sind seine Bestimmungen.

Und wie sehr leiden wir, wenn wir den Vertrag nicht sorgfältig durchlesen und von uns nicht fordern, die Folgen gründlich zu bedenken!

Kein Körper kommt hier lebend raus!

Ich wurde zu einer ortsansässigen Familie gerufen, deren zweiundachtzigjährige Mutter an Krebs starb, mit dem sie seit ungefähr fünf Jahren gerungen hatte. Sie und ihr Mann waren seit über fünfzig Jahren sehr glücklich verheiratet – die Art von Ehe, von der wir uns nicht vorstellen können, daß es sie in fünfzig Jahren auch noch gibt, getragen von einem festen Gemeinschaftsgeist und einem tiefen Familiensinn, der wundersamerweise keine Verachtung zutage gefördert hatte.

Es gab drei erwachsene Kinder, zwei Töchter und einen Sohn; eine der Töchter war an dem Tag, als ich vorbeischaute, gerade zu Besuch. Das Gespräch lief folgendermaßen ab:

Tochter: Es ist so schrecklich, ich weiß nicht, was wir tun sollen.

Ehemann/Vater: Was hat sie getan, das solche Qualen rechtfertigen könnte?

Tochter: Wir können nicht begreifen, wie so etwas geschehen kann.

Ehemann/Vater: Wir waren all die Jahre so glücklich – es ist einfach ungerecht!

Nun, natürlich habe ich ihre Bemerkungen ein wenig gerafft, aber nicht viel. Sie verstehen, worauf ich hinauswill. Vielleicht kommt Ihnen das ja sogar bekannt vor. Es taucht unweigerlich

33

auf, dieses »Warum wir?« »Warum so?« »Warum jetzt?« Nicht wahr? Nun, warum nicht? Das ist die wirkliche Frage.

Diese Leute sind heute gut ausgebildete Erwachsene, kultivierte Berufstätige mit erfolgversprechenden Karrieren – Menschen, die darauf vertrauen, daß sie wissen, worum es im Leben geht. Warum ich? Warum so? Warum jetzt? Ich bin verblüfft. Sprachlos. Warum nicht??

Und damit will ich nicht etwa ihr Leiden abqualifizieren. Es ist so real, wie es nur real sein kann. Aber es ist nicht die einzig mögliche Reaktion auf ihre Situation. Auch wenn wir oft hören, »Warum ich, warum so, warum jetzt?«, wenn im nächsten Zimmer jemand stirbt, sind diese Fragen dennoch nicht sehr sinnvoll. Das sollten Sie sich klarmachen.

Hector erkennt die Wahrheit

Ich war bei einem frühen Klienten von »God's Love We Deliver« zu Besuch, einem gutaussehenden, sehr gescheiten Puertoricaner namens Hector. Es muß ungefähr im Frühling 1987 gewesen sein. Ich ging zum damaligen Zeitpunkt hochschwanger mit meiner Tochter, die dann im April geboren wurde.

Hector war ein sehr charmanter Mann, der immer eine unterhaltsame Geschichte zu erzählen wußte und in dessen Gesellschaft ich mich einfach wohl fühlte. Deshalb verbrachte ich recht viel Zeit mit ihm gemeinsam. Wenn ich behaupte, daß er gutaussehend war, beruht diese Aussage jedoch auf Fotos, die er mir zeigte und die gemacht worden waren, bevor das Kaposi-Sarkom (eine mit Aids in Verbindung stehende Art von Hautkrebs) von seiner Haut Besitz ergriffen hatte. Hector war zu einer »Purpurperson« – wie er das nannte – geworden und mit seinem Tod ebenso hochschwanger wie ich mit meinem Baby. Es war für ihn wie für mich unmöglich, sich vor den Folgen des körperlichen Zustands zu drücken.

»Aber weißt du, Ganga«, sagte Hector eines Abends fröhlich aus dem Blauen heraus, »du könntest vor mir sterben.«

Seine forsche kleine Bemerkung ärgerte mich unbeschreiblich und löste die folgende Gedankenkette aus: 1. Die Wahrscheinlichkeit ist nicht besonders groß. 2. Armes Schwein, er wird schon bald sterben. 3. Es war gemein von ihm, so etwas zu sagen, wahrscheinlich hat er Angst. 4. Wie auch immer, die Chancen stehen gut für mich.

Und dann, in einem nahezu komischen Augenblick der Erleuchtung, kapierte ich, was er meinte. »Weißt du was, Hector, du hast vollkommen recht!« Und wir beide konnten gemeinsam darüber lachen, denn er hatte meinen stillen Protest wahrgenommen, wußte von meinem Versuch, seine Bemerkung mit Mitleid, mit dem Leugnen meines eigenen höchst verletzlichen Zustands und mit einer Rückzugsposition fortzuschieben, die etwas mit der Wahrscheinlichkeit zu tun hat, daß jeder von uns schon bald sterben könnte.

Was Hector mir klarmachte, hatte etwas mit der *Möglichkeit* und nicht mit der *Wahrscheinlichkeit* zu tun. Er war mir im Verstehen des Mietvertrags um einiges voraus. Er hatte erkannt, daß die Möglichkeit, vielleicht zum Auszug gezwungen zu sein, hundert Prozent beträgt, gleichgültig in welchem Zustand sich die Gesundheit befindet. Die Frage lautete lediglich, wann und nicht, ob überhaupt. Und was das Wann betrifft, der heutige Tag ist ebenso möglich wie jeder andere. Und dies galt für uns beide gleichermaßen.

Für den Fall, daß Sie sich immer noch vormachen, die Unwahrscheinlichkeit Ihres Todes am heutigen Tag könne Sie irgendwie schützen, machen Sie sich klar, daß die Wahrscheinlichkeit, im Lotto zu gewinnen, ja auch nicht sehr viel größer ist. Trotzdem gewinnen irgendwelche Leute ab und zu. Und wenn man Ihnen verspräche, Sie würden irgendwann einmal ebenfalls gewinnen, dann ließen Sie doch auch die Wahrscheinlichkeit außer acht und kauften sich jedesmal einen Lottoschein, nicht wahr? Man kann ja nie wissen ...

In New York heißt der Lotto-Verkaufsslogan: »Nur wer mitspielt, kann gewinnen.« Sie müssen sich keine Sorgen machen, Sie sind schon dabei. Außerdem werden Sie auf jeden Fall gewinnen. Es kann lange dauern, aber es wird bestimmt geschehen, nicht wahr?

Falls Sie immer noch ungläubig den Kopf schütteln, hier eine Geschichte, die Sie mit Sicherheit zur Einsicht führt, obwohl sie ein wenig grausam ist:

Eine vierköpfige Familie fuhr auf dem stark befahrenen Abschnitt des Highways in der Nähe der George-Washington-Brücke im nördlichen New Jersey. Sie saßen in einem in Europa gebauten Kombi, der als einer der sichersten gilt, weil er aufgrund seiner Konstruktion die Insassen im Fall eines Zusammenstoßes gut schützt. Doch gegen herabfallende Bowlingkugeln ist das Auto nicht gewappnet.

Ein paar Jugendliche trieben sich auf einem unbewohnten Anwesen herum und fanden eine Bowlingkugel. Es gibt nicht so viele Möglichkeiten, um außerhalb einer Bowlingbahn mit einer Bowlingkugel zu spielen. Man kann nicht gut Fußball mit ihr spielen und zum Fangen und Werfen eignet sie sich auch nicht so richtig. Aber man könnte sie von einer Brücke auf eine befahrene Schnellstraße fallen lassen, um herauszufinden, ob es einen Rückprall gibt. Genau das taten die Jugendlichen.

Und der Rückprall war großartig – die Kugel hüpfte von der Stoßstange eines nach Norden fahrenden Lastwagens auf die nach Süden führende Spur und durch die Windschutzscheibe dieses supersicheren Familienautos direkt auf den Kopf des acht Monate alten Babys.

Die Eltern hatten alles nur Denkbare für die Sicherheit des kleinen Mädchens getan: Es war fest in seinem Babysitz angeschnallt, genau so, wie die Vorschriften es verlangen. Und ich kann mir vorstellen, die Wahrscheinlichkeit, von einer Bowlingkugel erschlagen zu werden, ist äußerst minimal, vor allem für ein Baby. Aber die *Möglichkeit*, daß es passiert, daß das Baby stirbt, besteht jederzeit zu hundert Prozent. Jederzeit. Überall. Auf jede nur erdenkliche Weise. Folgen Sie mir noch?

36

Welche Möglichkeiten gibt es?

Sobald die Einsicht, daß Körper sterblich sind, da ist, bekomme ich in der Regel die folgenden Sätze zu hören: »Aber ich werde sie so sehr vermissen – all meine Freunde – ja, alle.« Ein junger Mann sagte voller Trauer: »Ich habe letztes Jahr den größten Teil meiner Familie verloren.«

»Nun, bleib' noch eine Weile hier«, entgegnete ich, »und du wirst auch noch den Rest von ihr verlieren oder sie verlieren dich. Was sonst soll geschehen? Und überhaupt, was würdest du denn vorziehen? Glaub' aber nicht, daß du die Wahl hast.«

Die ganze Familie verlieren

Vor kurzem blätterte ich das Magazin *People* durch – darauf freue ich mich jede Woche, weil ich nicht fernsehe und die Zeitschrift brauche, um zu erfahren, was sich alles tut, außerdem macht es mir Spaß. Und da war eine Geschichte, die sich mit vielen Fotos über mehrere Seiten erstreckte, über die Familie Weaver aus Upper St. Clair in Pennsylvania.

Die gesamte Familie war in dem Flugzeug nach Pittsburgh unterwegs, das vergangenen Herbst ohne ersichtlichen Grund einfach vom Himmel fiel. Nun, das ist schwer zu verkraften. Drei süße Kinder – sechzehn, elf und sieben – und ihre Eltern, freundliche, liebenswerte Leute, die zu jedermann in ihrem Ort nett waren, glückliche, gesegnete Menschen. Fort – alle zusammen – in einer klaren Oktobernacht. Bekommt man da nicht Haßgefühle? Ich konnte es kaum ertragen, in die ernsten, optimistischen Gesichter auf den Fotos zu sehen. Nette Leute. Was für eine herzzerreißende Geschichte.

Aber es gibt auch eine andere Seite – keiner mußte um den anderen trauern. Allen Familienmitgliedern blieb es erspart, den Verlust der anderen zu beweinen – und das darf man nicht übersehen. Jedesmal hätte Trauer die einzelnen Familienmitglieder erschüttert, wenn sie nach und nach über die Jahre gestorben wären. Indem die Weavers alle in einem Flugzeug abstürzten, blieb ihnen dieses Leiden zumindest erspart.

Können Sie sich das vorstellen? Um es noch einmal klarzustellen, wir reden über Möglichkeiten und nicht über Wahrscheinlichkeiten. Kaum einer von uns denkt je über das Risiko nach, in einem Flugzeug mit seiner vollständigen Familie an Bord abstürzen zu können. Die englische Königsfamilie nimmt diese Möglichkeit ernst und läßt sie niemals außer acht, da zumindest ein überlebender Erbe da sein muß, der die Familiengeschäfte weiterführen kann.

Sie also beziehen die *Möglichkeit* eines Flugzeugabsturzes mit ein, wie gering die Wahrscheinlichkeit auch sein mag. Deshalb steigen sie nicht alle in das gleiche Flugzeug, wenn sie eine Woche gemeinsam in Australien verbringen wollen. Sie sichern sich gegen Verluste ab. Es steht so viel auf dem Spiel. Also besteigt einer von ihnen ein anderes Flugzeug oder bleibt zu Hause.

Wir agieren nur selten so, als ob das Mögliche-doch-Unwahrscheinliche nicht dennoch möglich ist. Natürlich ziehen wir es vor, das Kleingedruckte im Vertrag, wo es heißt, jederzeit, allerorts, zu übersehen. Alle gleichzeitig oder einer nach dem anderen.

Natürlich glauben wir, für uns kommt der Zeitpunkt erst in unserem achtundachtzigsten Lebensjahr, im Bett und während des Schlafs. Das ist unsere Einstellung zur natürlichen Ordnung der Dinge, trotz all der Informationen, die uns über das Fernsehen oder die Zeitungen täglich erreichen und uns eindeutig zeigen, wie falsch sie ist.

Ich stelle nicht in Frage, daß der Tod von geliebten Menschen furchtbar weh tut. Im nächsten Kapitel werde ich Sie mit dieser Trauer näher bekannt machen und versuchen, Ihnen einen Zugang zu ihr zu verschaffen, indem ich beschreibe, was den trauernden Menschen so orientierungslos macht und sich so zerrissen fühlen läßt.

Im allgemeinen jedoch hat das am leichtesten zu identifizierende Merkmal der Trauer etwas mit der Erfahrung zu tun, daß man die *verstorbene Person so schrecklich vermißt.*

Und hier kommt ein Hoffnungsschimmer zum Vorschein, denn gemeinsam können wir den Unterschied herausfinden, wie es sich anfühlt, wenn wir Menschen vermissen, die fortgezogen oder auf irgendeine andere Weise aus unserem Leben getreten sind, und wie wir unter dem Verlust eines geliebten Menschen leiden, schmerzlich und verzweifelt. Wir wollen ersteres emotionale Traurigkeit und letzteres Trauer nennen.

Es ist doch die Trauer, die das eigentliche Problem darstellt, nicht wahr? Traurigkeit ist doch einfach nur eine der unzähligen Gefühlsvarianten, mit der ein Mensch nahezu jede Veränderung in seinem Leben begleitet. Aber Trauer vermag den Trauernden auszulöschen.

Im nächsten Kapitel will ich mit Ihnen ein Fundament für den Umgang mit der Trauer errichten, welches in unserer Kultur relativ neu ist. Doch es funktioniert. Wenn Sie jetzt gerade in einer Trauerphase stecken und sie gründlich satt haben, dann lesen Sie weiter.

Nehmen Sie sich jedoch erst einen Augenblick Zeit, um sich die Antworten auf die folgenden Fragen aufzuschreiben (und fügen Sie das Datum des heutigen Tages hinzu):

Haben Sie die Tatsache wirklich erfaßt, daß jede zwischenmenschliche Beziehung, die Ihnen wertvoll ist, durch den Tod – zumindest vorübergehend – unterbrochen wird?
Wenn nicht, sind Sie dann bereit, diese Vorstellung zumindest für die Dauer dieses Gesprächs zuzulassen?

Das wird Ihnen beim weiteren Nachdenken helfen:

Kein Körper kommt hier lebend raus.

2

Die falsche Vorstellung von der Auslöschung: Angst und Trauer

Eines Abends, als es meinen Kurs noch nicht lange gab, kam James daher. Er war ein gutaussehender, energiegeladener Schauspieler, Anfang Vierzig, voller Selbstvertrauen und von großer Ausdruckskraft. Er setzte sich hin und legte sofort los.

»Hört mal«, begann er, »ich habe Hegel und Kant gelesen. Ich kenne die Werke von Schopenhauer und Sartre. Ich habe mich mit allen bedeutenden westlichen Philosophen beschäftigt und mit den unbedeutenderen auch. Und ich sage euch, es besteht nicht die geringste Chance, daß es noch irgendwie weitergeht, nachdem der Körper gestorben ist, die Beweise sind eindeutig, und die großen Denker sind alle einer Meinung – ihr seid auf dem Holzweg.«

In unterschiedlichen Variationen kam James zwanzig Minuten lang immer wieder auf diese Auffassung zurück. Er war beredt, überzeugend, stolz und einfach glänzend. Er wurde schnell mit mir fertig.

Unterdessen saß ich da und überlegte, *Guter Gott, was soll ich bloß diesem da entgegnen?* Es bestand keinerlei Aussicht, ihn auf seinem eigenen Feld zu schlagen. Und in seinem Kopf war kein Platz für meine Auffassung. Was sollte ich tun?

Dann geschah es. James holte tief Luft, umklammerte die Armlehnen seines Stuhls, lehnte sich vor und hielt inne, seine Finger gruben sich tief in die gepolsterten Armlehnen, und in die Stille hinein, die er geschaffen hatte, platzte es aus ihm heraus: »Ich habe so unsagbare Angst vor dem Sterben.«

Es war mucksmäuschenstill, meine Augen füllten sich mit

41

Tränen, es zerriß mir fast das Herz. Niemand sagte ein Wort. Ich seufzte.

»Also, James«, sagte ich, »wenn du jetzt schon meinst, daß du Angst hast, dann hast du keine Vorstellung davon, was dir noch bevorsteht. Deinem Körper geht es noch recht gut. Wart' erst einmal ab, wie du dich fühlst, wenn er anfängt zusammenzubrechen. Du glaubst, du bist dein Körper. Das ist der Grund, warum du solche Angst vor dem Sterben hast. Gelingt es dir nicht, die Dinge anders zu sehen, dann wirst du unvorstellbar leiden, wenn dieses Ding, mit dem du dich identifizierst, auf Grund läuft.

Du bist es, der gerufen wird, James. Aber wir wollen unsere Zeit nicht verschwenden. Wenn du nur zum Diskutieren hierher gekommen bist, ist es besser, du kommst nicht wieder!«

So hart war ich noch nie gewesen. Aber James kam wieder. Und auch die nächsten zwei Jahre ließ er sich immer wieder einmal blicken. Er las und dachte nach, er regte sich auf und argumentierte, und er kam in den Kurs. Er machte seine eigenen Studien zum Thema Sterblichkeit und ließ es zu, daß seine starren Vorstellungen sich veränderten. Auch wenn er seinen letzten Weg auf keinen Fall ruhig ging – er war ein Mann mit einem unglaublichen Hang zum Melodramatischen –, so ging er ihn doch ohne Angst.

Angst ist für die meisten von uns die größte Herausforderung. Und gleich danach kommt die Trauer. Die meisten Angehörigen der Aids-Gemeinschaft mußten die Freunde zu Grabe tragen, von denen sie glaubten, sie würden mit ihnen alt werden. Dann mußten sie auch die Vorstellung vom Altwerden begraben, und sie machten statt dessen ihre Testamente. Die Trauer liegt schrecklich schwer in der Luft. Und sie hat so viele verschiedene Gesichter – Zynismus, Wut, Erschöpfung, Depression, Langeweile, Leugnen, Verzweiflung.

Angst und Trauer sind die Diebe der Freude – und jeder Hoffnung auf Freude. Und doch beruhen sie auf der einzigen kleinen Fehleinschätzung, daß der Mensch nur ein Körper, ein Gegenstand ist und daß der gesamte Mensch mit seinem ster-

42

benden Körper vernichtet wird. Auf dieser tragischen falschen Vorstellung beruht all das Leid, all die Trauer, die Angst, all das, was es so schwer macht, ein Leben aufzubauen, egal von welcher Dauer, das auf Freiheit und Freude beruht.

Denken Sie darüber nach!

In der Mitte des fünfzehnten Jahrhunderts glaubte jeder gebildete Mensch, die Erde sei eine Scheibe. Alle Landkarten aus dieser Zeit geben diese Auffassung wider. Sie wurde an den Universitäten gelehrt, Bibliotheken waren angefüllt mit Werken zu diesem Thema und Reiserouten wurden entsprechend geplant (oder nicht geplant).

Stellen Sie sich die Bibliotheken jener Tage vor, Regalbrett um Regalbrett gefüllt mit der Erforschung des physikalischen und emotionalen Wagnisses einer Reise bis an den Rand der Welt. Stellen Sie sich Therapeuten und Berater vor, die voller Ernst zu jahrelanger teurer Therapie der Angst (davor, daß man selbst über den Rand fallen könnte) und der Trauer (über den bevorstehenden Fall eines geliebten Menschen) rieten.

Stellen Sie sich vor, daß die meisten Menschen damals lieber zu Hause geblieben sind, statt das Risiko einzugehen, irgendwo über den Rand zu stürzen. Stellen Sie sich vor, daß eine junge Frau in jener Zeit lange und konzentriert darüber nachgedacht haben muß, ob sie einen Mann heiraten sollte, dessen Beruf ihn der Gefahr aussetzte, über den Rand der Welt zu fallen.

Den Menschen, die an diese Dinge glaubten, mangelte es keineswegs an Intelligenz. Selbst die Allerschlauesten damals waren überzeugt, daß die Welt eine Scheibe ist. Da war nichts Unlogisches oder Unangemessenes an den Strategien, die sie entwickelten, um mit dem zurechtzukommen, was ohne Zweifel ihre Realität war. – Sie erkennen sicher, worauf ich hinauswill. Die Vorstellungen der Menschen des fünfzehnten Jahrhunderts erscheinen Ihnen heute so lächerlich, weil die zugrundeliegende Prämisse so vollkommen falsch war.

43

Die falsche Vorstellung von der Auslöschung

Die Vorstellungen, welche sich die meisten Amerikaner und Europäer vom Tod machen, sind ebenso falsch. Wenn Sie sich niemals zuvor Gedanken über den Tod gemacht haben, dann sind Sie sich vielleicht gar nicht im klaren darüber, wie sehr Sie sich diese Vorstellung von der Auslöschung zu eigen gemacht haben.

Machen Sie sich bewußt, wieviel Angst die Diagnose eines Arztes in Ihnen auslösen würde, der Ihnen sagt: »Sie haben noch sechs Wochen zu leben.« Und verbergen Sie vor sich nicht die Tatsache, wie geschlagen von Trauer Sie gewesen wären, wenn einer Ihrer besten Freunde in diesem Flugzeug über Lockerbie hätte sterben müssen.

Das Bild ist ein physikalisches Modell, mit dessen Hilfe ich die Verbindung zwischen der falschen Vorstellung von der Auslöschung einerseits mit der Angst und andererseits mit der Trauer darstellen will. Ich finde, es zeigt besonders eindringlich, was wir tun müssen, um uns von dieser Struktur zu befreien.

Sie sehen in diesem Bild auf dem Dach zwei Schornsteine, aus denen Rauch emporsteigt (Ihnen in die Augen dringt und Sie weinen macht), den ich Schmerz nennen will. Die beiden Leitungssysteme Angst und Trauer führen diesen Schmerz-Rauch zu Ihnen.

Folglich müssen diese beiden Schornsteine niedergerissen werden. Aber Sie können nicht zu ihnen gelangen, da sie sich hoch auf dem Dach befinden. Außerdem, selbst wenn Sie sie erreichen und abschlagen könnten, bleibt das mit ihnen verbundene System von Öfen, das sich über das gesamte Haus erstreckt, erhalten. Angst und Trauer sind ein integraler Bestandteil, ein notwendiges Merkmal jener Firma namens Falsche Vorstellung von der Auslöschung & Co KG. Sie sind unverzichtbar. Und selbst wenn Sie – um das Bild noch etwas weiter auszumalen – die Öfen im gesamten Haus demontieren würden (das heißt, sie zu unterdrücken, zu leugnen oder zu übersehen versuchen), wären sie noch immer vorhanden.

44

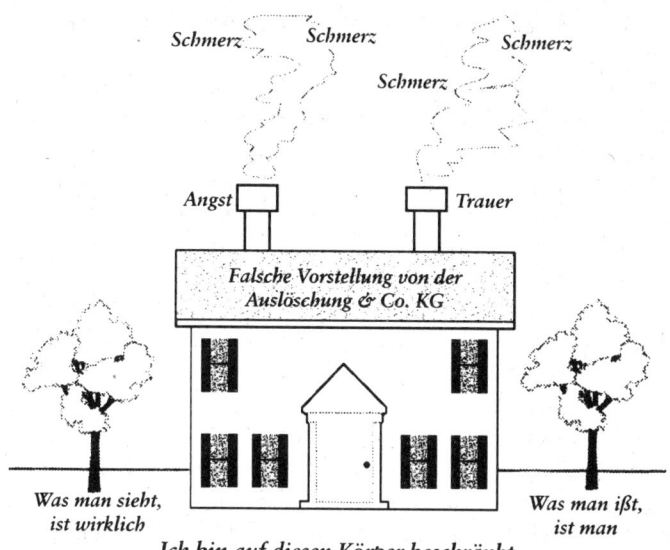

Schmerz Schmerz Schmerz

Schmerz

Angst Trauer

*Falsche Vorstellung von der
Auslöschung & Co. KG*

Was man sieht, Was man ißt,
ist wirklich ist man

Ich bin auf diesen Körper beschränkt

Nein, Sie müssen das gesamte Gebäude niederreißen. Und das ist eine sehr große, teure Aufgabe (einer Psychoanalyse nicht unähnlich). Leider garantiert ihre Durchführung auch keineswegs ihr Gelingen, denn die Schornsteine reichen bis in den Keller hinunter.

Es ist klar, diese Aufgabe läßt sich nur dann bewältigen, wenn Sie das Fundament schleifen, auf dem diese quälende Struktur aufbaut. Sehen Sie sich das Fundament an. Es heißt: ICH BIN AUF DIESEN KÖRPER BESCHRÄNKT. Wenn es Ihnen gelingt, diese weitverbreitete Vorstellung auszugraben, dann sind Sie frei, denn es ist insbesondere diese falsche Annahme, auf der die falsche Vorstellung von der Auslöschung beruht, und sie wiederum ist verantwortlich für all die Angst, all die Trauer und all das Leid, das sie verursachen.

Daß der Körper zerfällt, wenn sein Bewohner ihn verläßt, ist offensichtlich und unvermeidbar. Die tief verwurzelte und in

45

der Regel nicht angezweifelte Annahme, ein Mensch sei auf seinen Körper beschränkt, wird verstärkt durch das unmittelbare Aufwallen von Trauer, von der Ihr kleines Boot überschwemmt wird, sobald ein Mensch, den Sie lieben, stirbt. Dabei dreht es sich vorrangig um das Verlustgefühl, darum, daß die Person nicht mehr körperlich anwesend ist, man ihre Stimme nicht mehr hören, sie nicht umarmen, ihr liebes Gesicht nicht mehr betrachten, sie überhaupt nicht mehr ansehen kann.

Diese auf so verblüffende Weise schmerzhafte Erfahrung macht es – zumindest meines Wissens – unmöglich, sich davon zu distanzieren, sie zu analysieren und auseinanderzunehmen. Wir denken nicht klar, wenn wir so voller Schmerz sind. Wie sollte das auch möglich sein? Deshalb ist es so entscheidend, einen Zugang zum Thema Sterblichkeit zu bekommen, bevor man dazu gezwungen wird.

Angst und Trauer scheinen die »natürliche« Reaktion in Anbetracht des Todes zu sein. Und wirklich, könnte denn je die Trauer ausreichend und die Angst groß genug sein, wenn ein wertvoller, einzigartiger Mensch *tatsächlich* ausgelöscht, vom Wind fortgeblasen und vom Tod fortgeschleppt würde?

ABER DAS GESCHIEHT NICHT, WIR BLEIBEN BESTEHEN. UND WIR KÖNNEN ES BEWEISEN.

Wir haben bereits festgestellt: KEIN KÖRPER KOMMT HIER LEBEND RAUS. Um Ihnen also zu beweisen, daß Sie Ihren Tod überleben werden, muß ich Ihnen nachweisen, daß Sie nicht auf Ihren Körper beschränkt oder mit ihm identisch sind. Und dafür benötige ich Ihre Unterstützung, und zwar mit folgendem Satz:

Ich gebe der Möglichkeit Raum, daß ich nicht auf meinen Körper beschränkt bin und daß ich auf irgendeine Weise vielleicht immer noch da bin, auch wenn mein Körper bereits gestorben ist.

Wenn Sie bereit sind, dieser Möglichkeit Raum zu geben, dann will ich versuchen, auf der Basis von Logik mit Ihnen zu sprechen. Ich werde Sie nicht bitten, irgend etwas zu *glauben*. Sie müssen lediglich Ihren Verstand – aus einer offenen Position heraus – arbeiten lassen und mir weiter folgen.

So weit sind wir also schon gekommen:

1. *Kein Körper kommt hier lebend raus.*
2. *Ich gebe der Möglichkeit Raum, daß ich nicht auf meinen Körper beschränkt bin und daß ich auf irgendeine Weise vielleicht immer noch da bin, auch wenn mein Körper bereits gestorben ist.*

Nur um festzuhalten, welche Einstellung Sie heute dazu haben (ich werde Sie am Ende des Buches noch einmal danach fragen), schreiben Sie Ihre Antwort (mit Datum) auf die folgende Frage nieder:

Glauben Sie, daß Sie mit Ihrem Körper sterben?

Dann also weiter zum nächsten Kapitel, in dem ich Ihnen die Frage beantworten will: »Was ist ein Beweis?«

3
Was ist ein Beweis?

Sie haben zugestimmt, der Möglichkeit Raum zu geben, daß Sie nicht auf Ihren Körper beschränkt sind. – Und ich habe versprochen, von Ihnen nicht zu verlangen, irgend etwas zu glauben.

Das bedeutet, die Beweislast liegt bei mir, wie es ja auch sein soll. Ich will damit anfangen, indem ich über die Frage nachdenke: Was ist ein Beweis? Es gibt mindestens zwei Typen von Beweisen und mit jedem eine eigene Art, etwas zu beweisen, direkt und indirekt. Sehen wir sie uns an!

Wissenschaftliche Beweisführung

Der menschliche Verstand wählt in der Regel automatisch eine wissenschaftliche Herangehensweise, wenn man etwas beweisen möchte. Der Mensch glaubt, die Existenz einer Sache beweisen zu können, indem er sie sehen, berühren, messen, hören, riechen oder schmecken kann. Wenn ein Wissenschaftler in einem Labor ein Forschungsergebnis ermittelt, erwarten seine Kollegen, daß es möglich ist, den zugrundeliegenden Versuch zu wiederholen. Gelingt dies, gilt das Ergebnis als bewiesen und kann akzeptiert werden. Diese Verfahrensweise nennt man *direkte* Beweisführung.

Ohne Zweifel funktioniert die direkte wissenschaftliche Beweisführung gut, sofern man es mit einer konkreten Sache zu tun hat. Angenommen jedoch, das, was man demonstrieren will, kann nicht auf irgendeine *direkte* physikalische Weise untersucht werden. Bietet die Wissenschaft dann einen anderen Weg an, der beweist, daß etwas wahr ist? Kann man beweisen, daß etwas existiert, wenn man es nicht messen und wiegen kann?

Der indirekte Beweis

Man kann von der Existenz einer Sache ausgehen, wenn es gelingt, ihre Wirkung zu messen. Manche Wissenschaftsbereiche – beispielsweise die Astronomie – haben manchmal die Möglichkeit, auf die Realität eines Phänomens zu *schließen*. Schwarze Löcher zum Beispiel können *indirekt* identifiziert werden, indem man die Auswirkungen ihrer Anziehungskraft auf die umliegenden Strukturen im Weltall beobachtet. Um jedoch ihrer Schlußfolgerung wirklich vertrauen zu können, müssen die Astronomen alle anderen möglichen Erklärungen für die Wirkungen, die sie durch ihre erstaunlichen Teleskope beobachtet haben, *ausschließen*.

Die einzige Möglichkeit, eine Hypothese zu überprüfen, besteht darin, daß man sie durchweg einsetzen kann, um das Verhalten einer Sache *vorherzusagen*. Behalten Sie dies im Gedächtnis, denn wenn ich später die Bedeutung der Nachwirkungen von Todesnähe-Erfahrungen im nächsten Kapitel untersuche, dann werde ich noch einmal darauf zurückkommen. Nun möchte ich Ihnen jedoch zunächst die nichtwissenschaftliche Methode der Beweisführung nahebringen. Damit befinden wir uns wieder auf vertrautem Boden.

Rechtsgültige Beweisführung

Unser Rechtssystem basiert auf einer vollkommen anderen Beweisführung als der wissenschaftlichen. Beim *direkten* Beweis ist es von Zeugenaussagen abhängig – also vom direkten Zeugnis eines zuverlässigen Augenzeugen. Es ist hinlänglich bekannt, wie dies funktioniert.

In den Vereinigten Staaten werden zwölf Geschworene berufen. Diese zwölf Einzelpersonen haben in der Regel nur eines gemeinsam: die Bereitschaft, keine vorgefaßte Meinung zu der zur Verhandlung anstehenden Sache zu haben. Die Geschworenen hören sich unparteiisch und sorgsam das an, was jeder einzelne Zeuge zu sagen hat. Und die Zeugen ihrerseits müssen schwören, die Wahrheit zu sagen.

Wenn alle Zeugen mehr oder weniger die gleiche Geschichte erzählen und niemand einen entscheidenden Grund hat, ihnen nicht zu glauben, dann verfügt das Rechtssystem – das strukturgebende Fundament unserer Gesellschaft –, daß die Angelegenheit bewiesen ist.

Obgleich also niemand von den Geschworenen anwesend war, als der Sachverhalt sich ereignete, läßt er sich mit ihrer Hilfe dennoch rechtsgültig beweisen, indem sie die Berichte der direkten Augenzeugen anhören – das Zeugnis von Menschen, die dabei waren und nicht lügen.

Der indirekte Beweis

Angenommen, niemand konnte den Sachverhalt beobachten. In solch einem Fall wird die Angelegenheit sehr viel komplizierter, weil das Rechtssystem unschuldige Personen vor einer Verurteilung aufgrund von Annahmen schützt, die lediglich *vermuten* lassen, daß er oder sie die Tat begangen hat. Die Beweislast liegt, das ist bekannt, beim Kläger. Dieser muß *über jeden Zweifel erhaben* beweisen, daß der mutmaßlich Unschuldige die einzige Person auf dem gesamten Planeten ist, welche die Tat begangen haben kann – vorausgesetzt, er oder sie hat für die Tatzeit kein Alibi.

An dieser Stelle spielen Expertenaussagen oft eine entscheidende Rolle: Laborexperten, die versichern, daß es sich bei den Fingerabdrücken am Tatort um jene des Beklagten handelt oder Haare und Blutspuren zweifelsfrei zuordnen können. Sie sehen also, auch wenn es keine Augenzeugen gibt, die eine Aussage machen könnten, kann die Schuld eines Menschen mittels *objektiv verifizierbarer Fakten,* also durch Indizien, eindeutig bewiesen werden.

Diese Art der indirekten rechtsgültigen Beweisführung wird

so ernst genommen, daß Menschen in der Folge ihre Freiheit und manchmal sogar ihr Leben einbüßen.

Ich will Ihnen damit vor Augen führen, daß der Mensch keineswegs nur auf das rein Körperliche beschränkt ist. Um dies zu tun, greife ich zurück auf die vollkommen vernünftigen Methoden der rechtsgültigen Beweisführung.

In der Fortsetzung unseres Gesprächs werde ich Sie bitten, von Ihrem Platz auf der Geschworenenbank aus zu urteilen. Denken Sie daran: Die Menschen, deren Geschichten Sie nun hören werden, haben geschworen, die Wahrheit zu sagen. Und nicht vergessen: Sie dürfen keine vorgefaßte Meinung zu den Dingen haben, die ich beweisen will. Etwas, das wir vielleicht nicht kennen, das aber dennoch sehr real ist, überlebt den Übergangsprozeß, den wir Tod nennen.

Nun haben wir also:

1. *Kein Körper kommt hier lebend raus.*
2. *Ich gebe der Möglichkeit Raum, daß ich nicht auf meinen Körper beschränkt bin und daß ich auf irgendeine Weise vielleicht immer noch da bin, auch wenn mein Körper bereits gestorben ist.*
3. *Ich werde mir die Zeugnisse von verläßlichen Augenzeugen anhören und mir dann eine Meinung bilden.*

4

Todesnähe-Erfahrungen verstehen

In meinem Kurs sprachen wir eines Abends über Todesnähe-Erfahrungen, und ich zeigte dazu einen Videofilm, in dem vier Erwachsene und sechs Kinder von ihren Erlebnissen berichteten. Die Aussagen der Kinder gingen uns besonders nahe, da sie mit ihren spontanen, beiläufigen Versicherungen den sie interviewenden Kinderarzt mit einbezogen: »Sie werden schon sehen, Dr. Morse, es macht Spaß, dort zu sein.« Ein kleines Mädchen sagte: »Ich war, na ja, frei eben, verstehen Sie?« Und die Mutter eines der Kinder berichtete, ihre Tochter habe nun eine Mission (das Kind war etwa acht). Dieses ansonsten normale kleine Mädchen sieht jetzt seine Aufgabe darin, mit schwerkranken Kindern über seine Erfahrungen zu sprechen, damit diese nicht so viel Angst vor dem Sterben haben müssen.

Die befragten Erwachsenen waren eine recht alberne Gruppe. Eine Frau bemerkte: »Ich war als Tote viel lebendiger!« Und eine andere beobachtete: »Diese Welt ist eine Schule – und ich bin froh, wenn ich die Abschlußprüfung hinter mir habe!«

Raymond Moody, der Begründer der Studien zur Todesnähe, hat die Wirkung dieser Erfahrung auf all die Tausende Menschen, mit denen er gesprochen hat, mit dem Satz zusammengefaßt: »*Selbstverständlich löscht sie vollständig ihre Angst vor dem Tod aus.*«

Selbstverständlich. Der Grund, warum nach dieser Erfahrung die Angst vor dem Tod nicht bestehen bleiben kann, liegt darin, daß die falsche Vorstellung von der Auslöschung des Menschen an sich nicht aufrechterhalten werden kann.

53

Erinnern Sie sich daran, es ist diese falsche Vorstellung von der Auslöschung, die Angst und Trauer bewirkt. Es ist einfach *unmöglich*, daß sich ein Mensch vor dem Tod ängstigt, wenn er erlebt hat, daß er, obwohl der Körper funktionstüchtig war, noch immer er selbst ist: argumentierend, fühlend, sehend und hörend, verblüfft, aber am Leben.

Welche Voraussetzungen müssen erfüllt werden, um Ihre Angst vor dem Tod *absolut auszulöschen?* Wie viele Berichte aus erster Hand müssen Sie gehört haben, bevor das, was Sie über den Tod *denken*, in Bewegung gerät, und wie viele mehr müssen Sie hören, um das, was Sie über den Tod *wissen*, für immer zu verändern? Wie viele?

Dreizehn Millionen Menschen unter den Amerikanern haben bisher Todesnähe-Erfahrungen gesammelt (lesen Sie hierzu George Gallup Jr., William Proctor, *»Begegnungen mit der Unsterblichkeit«*). Wiederbelebungstechniken sind wirkungsvoller und allgemein üblich geworden. Selbst kleinere Krankenhäuser besitzen die technischen Mittel, die notwendig sind, um einen toten Körper wieder zum Leben zu erwecken.

Als Gruppe haben diese Menschen mit Todesnähe-Erfahrungen nichts gemeinsam, außer daß sie bereits klinisch tot waren. Die Qualität dieser Stichprobenauswahl würde jedem seriösen Meinungsforschungsinstitut zur Ehre gereichen. Jede religiöse, radikale, soziale und Ausbildungsebene ist gut vertreten. Die folgenden Worte einer Krankenschwester beschreiben, was alle Menschen mit Todesnähe-Erfahrungen gemeinsam haben:

»Erst einmal weiß ich, daß der Tod nicht weh tut. Ich werde nie Angst vor dem Sterben haben. Und ich weiß, daß man, wenn man stirbt, nicht ausgelöscht wird. Ich weiß, daß ich mehr bin als mein Körper. Da gibt es eine Seele, und das bin ich. Und ich weiß, daß ich, meine Seele, immer da sein werde. Ich weiß mit absoluter Gewißheit, daß es ein Leben nach dem Tod gibt.«

(*Life*, März 1993)

54

Ist Ihnen ihre Wortwahl aufgefallen? Ich *weiß*, nicht ich denke, nicht ich glaube, sondern ich *weiß*. Hier wird nicht die Meinung dargelegt, sondern die absolute Überzeugung, die auf der persönlichen Erfahrung beruht, daß sie mehr ist als ihr Körper, die Überzeugung, daß das, was sie ihre Seele nennt – das, was sie wirklich ist –, immer da sein wird.

Und weil für diese Frau die falsche Vorstellung von der Auslöschung unwiderruflich zerstört worden ist, besitzt sie die wunderbare Sicherheit, daß sie niemals Angst vor dem Tod haben wird. Was für ein unglaublich freies Leben sie nun führen kann!

Ich möchte Ihnen noch einige weitere der dreizehn Millionen Amerikaner zu Gehör bringen, die diese lebensverändernde Todesnähe-Erfahrung gemacht haben. Denken Sie daran, Sie sitzen auf der Geschworenenbank, und die Menschen, denen Sie nun zuhören werden, haben keinen Grund zu lügen.

Die Geschichte von Frank und Lily

Frank ist ein in Oxford hervorragend ausgebildeter Ökonom, der heute als Professor an der Ivy-League-Schule tätig ist und außerdem mit der Weltbank und einigen fernöstlichen Regierungen als Experte für ökonomische Entwicklung zusammenarbeitet. Ich begegnete ihm auf einer Konferenz in Hilton Head/South Carolina, wo ich eine stark kondensierte Version meines Sechs-Wochen-Kurses vorstellte (sie gaben mir ganze zehn Minuten).

Franks Frau Lily saß bei meinem Referat in der ersten Reihe. Sie zog meine Aufmerksamkeit durch ihre Ruhe und ihren ernsten Gesichtsausdruck auf sich. Später sprachen wir ausführlich miteinander. In diesem Gespräch erfuhr ich, daß Lily direkt neben ihrem Mann gesessen hatte, als dieser gestorben war. Obwohl dieses Ereignis schon drei Jahre zurücklag, kamen noch immer Überreste des Schocks in ihrem verletzlich aussehenden Gesicht mit den großen Augen und in ihrer Zurückhal-

55

tung zum Ausdruck. Sie bewegte sich und sprach, als könne etwas Wertvolles in ihr zerbrechen – oder war bereits zerbrochen und dürfte niemals wieder in Gefahr gebracht werden. Hier nun die Geschichte, wie Frank sie erzählt. Ich werde später noch einmal zu Lily zurückkehren, wenn ich mich noch einmal dem Thema Trauer zuwende.

»Ich spielte Squash mit einem meiner regulären Partner. Die Temperatur lag bei etwa 35 Grad Celsius, und wir spielten über zwei Stunden in dieser Hitze. Nach dem Spiel duschte ich, und gleich darauf ging es mir entsetzlich schlecht. Ich leugnete eine ganze Weile, vielleicht ungefähr eine Stunde, so lange, bis es mir unmöglich wurde, auch weiterhin zu verbergen, wie elend ich mich fühlte.

Erst erklärte ich, es liege nur an der Hitze oder am Wasserverlust. Aber da lag ich nun in dieser Umkleidekabine auf einer Bank und versuchte, den anderen mit wenig Erfolg klarzumachen, daß alles in Ordnung sei.

Schließlich ergriff jemand einfach die Initiative, denn sie hatten mich immer wieder gefragt: ›Bist du sicher, daß du nicht ins Krankenhaus willst, um dir helfen zu lassen?‹ Worauf ich entgegnete: ›Ich brauche keinen Hilfe!‹ Ich wurde überstimmt. Plötzlich war Lily da und ein Krankenwagen. Sie brachten mich ins Krankenhaus und sagten mir: ›Sie hatten einen Herzanfall.‹ Und dann gaben sie mir ein Medikament gegen Blutgerinnung.

Bald ging es mir besser, und ich wurde von der Intensivstation auf die reguläre Station verlegt. Lily und ich saßen dort friedlich auf meinem Bett und sprachen miteinander und dann – hörte mein Herz einfach auf zu schlagen. Das war's. Nichts mehr.

Die Alarmglocken schrillten, weil sie mich an entsprechende Geräte angeschlossen hatten. Es kamen wohl Leute zu mir gelaufen. Sie gingen ihrer Arbeit nach. Ihre Anwesenheit nahm ich nicht wahr.

Ich hatte eine ganze Reihe von Empfindungen. So viele Begriffe werden benutzt, um das Sterben zu beschreiben – den Fluß überqueren, fortgehen. Was ich erlebte, war mehr ein Sichverbinden oder, noch passender, ein Sichwiederverbinden.

56

Es spielte keine Rolle für mich, daß ich meinen Körper verlor. *Es spielte keine Rolle,* mein Ich aufzugeben. Da war ein wundervolles Gefühl von nahezu göttlicher Gelassenheit. Es kam mir so vor, als winke mir jemand zu, rufe mich an einen unglaublich anziehenden Ort. Ich hatte den Eindruck, als dürfe ich meine Lasten abstreifen – ob ich sie ursprünglich bereitwillig und gerne auf mich genommen hatte, *spielte dabei keine Rolle.* Damit verbunden war ein Gefühl großer Erleichterung.

Ich meinte, an einen kindlichen Ort der absoluten Seligkeit, in absolute Sicherheit zurückkehren zu dürfen, umhüllt von Liebe und abgeschnitten von allen Sorgen oder Ängsten.

Ich hatte keine Angst, was mich ein wenig erstaunte, da ich mir dessen bewußt war, was geschah, aber da war keine Angst. Mein Zustand fühlte sich vollkommen natürlich an, und ich meinte, daß es so ähnlich gewesen sein mußte, bevor ich in diese Welt kam.

Es ist für mich ein Segen, daß dieses Fehlen von Angst seit dieser Erfahrung bestehengeblieben ist. Ich fürchte mich nicht. Die Todesnähe hat mich nicht nur von der Angst vor dem Tod befreit, sondern mich auch dem Leben auf eine Weise geöffnet, die mich sehr dankbar macht.«

Es spielt keine Rolle

Frank hat heute eine vollkommen andere Einstellung zu seinem Leben, seit er die Angst verloren hat, welche die meisten Menschen veranlaßt, vorsichtig auf vorgezeichneten Wegen zu gehen und dabei möglichst allen Risiken auszuweichen. Worauf hatte Franks Angst beruht? Auf der falschen Vorstellung von der Auflösung! Haben Sie bemerkt, daß er von Dingen, die für die meisten von uns wichtig sind, gesagt hat, daß sie für ihn *keine Rolle spielen:* Dinge wie der Verlust des Körpers und der Verwandten, der Freunde, des Arbeitsplatzes, der Verlust all dieser wunderbar zwingenden Lasten, die man sich so gerne aufladen läßt. Frank spürte Erleichterung, weil er diese Lasten abstreifen durfte. Erleichterung, nicht Trauer, nicht einmal Ambivalenz, nur Erleichterung.

Scheinbar spielt nichts mehr eine Rolle, sobald man weiß, daß man nicht nur eine materielle Rolle in der Welt spielt. Frank fühlte sich zu Hause und frei, einen Augenblick lang. Damit hat seine Dankbarkeit zu tun. Und er wird nie wieder Angst haben.

Nun folgt die Geschichte eines Menschen, der zum Zeitpunkt seiner Todesnähe-Erfahrung so jung war, daß die Angst vor dem Tod in ihm überhaupt nie entstehen konnte.

Matthews Geschichte

Matt besuchte meinen Kurs, weil ich ihn darum gebeten hatte, seine Todesnähe-Erfahrung mit den Kursbesuchern zu teilen. Er arbeitet als Grundschullehrer, obwohl er, aufgewachsen in einer irisch-katholischen Familie mit acht Kindern, gehofft hatte, sein Leben außerhalb der Reichweite von Kindern aufzubauen.

Matts Todesnähe-Abenteuer ereignete sich in seiner frühen Kindheit. Einige Spielkameraden widmeten sich einem wilden Spiel, das Eltern entsetzt zusammenzucken läßt: In einem gespielten Krieg, wie Jungen ihn offenbar lieben, bewarfen sie sich gegenseitig mit Steinen. Ein größerer Geröllbrocken traf den fünfjährigen Matt am Kopf und hinterließ an der rechten Seite eine nicht zu übersehende Delle. Tatsächlich war diese Seite seines Schädels zerdrückt wie eine Weintraube, erzählte Matt.

Er fühlte sich sofort wie aus seinem Körper herauskatapultiert, sah das Blut auf dem Boden neben seinem Kopf, sah das entsetzte Gesicht des Jungen, der den Brocken geworfen hatte, sah seine Eltern umherhasten, seinen Körper einsammeln und in den Krankenwagen legen.

Dann erlebte Matt, wie er, natürlich ohne seinen Körper, dem Krankenwagen folgte, obwohl er, wie er später sagte, kein besonderes Interesse an dem blutigen Körper hatte, den das

Fahrzeug transportierte. Er berichtete, daß er zusah, wie die Ärzte versuchten, ihn in einen Zustand zurückzulocken, an dem ihm sehr wenig gelegen war.

Später erzählte Matt detailliert von den komplizierten Bemühungen seiner Ärzte, die seinen Schädel reparieren und seinen Körper neu zum Laufen bringen mußten. Seine Eltern und die Ärzte waren verblüfft, daß Matt so genau von allem berichten konnte, was getan worden war, oder überhaupt irgend etwas davon wußte, da er ihrer Auffassung nach ja gar nicht bei sich war. Jedenfalls war er nicht bei Bewußtsein, nicht im üblichen Sinne des Wortes.

Nachdem Matt seine Geschichte erzählt hatte, zu der auch eine sehr freundliche Begegnung mit einem Wesen gehörte, das er als Jesus erkannte, beantwortete Matt die Fragen der Kursteilnehmer. Eine Frau, die unter Krebs im fortgeschrittenen Stadium litt und sich verzweifelt mühte, ihre Angst in den Griff zu bekommen, fragte Matt, ob er selbst die Angst vor dem Tod kenne.

Er machte eine lange Pause, bevor er antwortete, und dann sagte ein leicht verwirrt klingender Matt: »Nein, wieso, ich habe keine Angst vor dem Tod. Ich war niemals glücklicher oder mehr ich selbst als in den Momenten, in denen ich tot war.«

Als ich ihn später fragte, was es mit seinem Zögern auf sich hatte, warum ihn die Frage zu verwirren schien, erklärte er: »Weißt du, ich glaube, weil ich meine Todesnähe-Erfahrung hatte, als ich noch klein war, hatte ich einfach gar keine Gelegenheit, Angst vor dem Tod zu entwickeln. Deshalb hat mich die Frage im ersten Augenblick verwirrt – ich habe nicht gleich verstanden, was diese Frau von mir wissen wollte. Ihre Vorstellung ist vollkommen jenseits meiner Erfahrung. *Ich kann mir nicht einmal vorstellen, wie es sich anfühlen könnte, wenn man Angst vor dem Sterben hat.*«

Diese vollkommene Angstfreiheit ist typisch für Menschen, die Todesnähe erfahren haben. Es ist ein derart klares, wenn auch unsichtbares Unterscheidungsmerkmal, durch das diese

59

Überlebenden sich radikal von uns anderen abheben. Nichts könnte merkwürdiger und bis jetzt ungewöhnlicher in der sogenannten normalen Welt sein als eine Person, die wahrhaftig keine Angst vor dem Tod hat.

Damit haben Sie nun also eine *Wirkung* – Angstlosigkeit –, deren einzige gemeinsame *Ursache* die Todesnähe-Erfahrung ist. Und wenn man vorhersagt, daß jemand, der eine Todesnähe-Erfahrung gemacht hat, für immer, und nicht nur ein paar Monate, ohne Angst vor dem Tod sein wird, dann trifft dies zu – in jedem Fall. Diese Personen wissen mit absoluter Sicherheit, daß sie nach ihrem Tod fortbestehen. Sie wissen, daß dies für alle Menschen zutrifft.

Absolventen der Todesnähe-Erfahrung wissen, daß sie am Leben waren und es ihnen gutging, auch wenn dies für ihre Körper nicht zutraf. Sie machen sich nie wieder Sorgen wegen des Todes. Ich könnte Ihnen viele, viele ähnliche Geschichten erzählen. Wenn Sie mehr darüber lesen wollen, am Ende dieses Kapitels habe ich einige entsprechende Buchtitel aufgeführt. Am wichtigsten ist jedoch: Menschen mit Todesnähe-Erfahrung haben nie mehr Angst vor dem Tod.

Aber gibt dies *Ihnen* genug Vertrauen, um sich Ihrem eigenen Tod ohne Angst zu stellen? Nein, noch nicht? Dann soll die Beweisaufnahme fortgesetzt werden.

Der zweite Zeuge

Die meisten Menschen haben Schwierigkeiten, Todesnähe-Erfahrungen als wahr zu erkennen, weil diese Erlebnisse, ähnlich wie Träume, anscheinend nur im Kopf stattfinden. Wenn es doch nur eine solide Brücke zwischen den Landschaften der Todesnähe-Erfahrungen (dem Tunnel, dem Lichtwesen) und der soliden, »wirklichen« Welt gäbe! Ich will versuchen, ob mir der Brückenschlag gelingt. Wiederum wende ich mich den rechtsgültigen Methoden der Beweisführung zu, um meine Auffassung zu untermauern.

Mich rief eine Journalistin der Zeitschrift *People* an, um für einen Artikel einige Fakten zu recherchieren. Sie suchte nach einer Person, die meinen Bericht über Ereignisse, die sich vor zweiundzwanzig Jahren ereignet hatten, bestätigen würde, und es mußte jemand sein, der tatsächlich dabei gewesen war.

Ohne diesen zweiten Augenzeugen wären meine Informationen für den Artikel nutzlos, denn es gab sonst keine Möglichkeit, daß ich die Wahrheit sagte. Ohne die Erhärtung meiner Aussagen, selbst wenn es nur durch eine einzige Person geschehe, könnte man meine Geschichte vor Gericht nicht erfolgreich verteidigen, falls es denn so weit käme. Die Zeitschrift hatte natürlich nicht das geringste Interesse daran, einen Prozeß zu verlieren.

Nun, ist das nicht interessant? Um sich und ihren Arbeitgeber zu schützen, brauchte diese Journalistin nur einen Augenzeugen, eine Person, die aussagt: »Ja, ich war dort und habe das auch gesehen.« Um also eine Sache »festzuzurren«, reicht im amerikanischen Rechtssystem ein einziger, vertrauenswürdiger Augenzeuge aus.

Ist es möglich, Todesnähe-Erfahrungen auf die gleiche Weise zu bestätigen? Selbstverständlich! Aber hierzu benötigen wir das Zeugnis eines zuverlässigen Menschen, der die Einzelheiten der Geschichte, die jemand, der gerade von einer Todesnähe-Erfahrung zurückgekehrt ist, erzählt hat, durch die Aussage: »Ja, das habe ich auch gesehen« untermauern kann.

Aber was könnte er auch gesehen haben? Den Tunnel, das Lichtwesen, die bereits lang verstorbenen Verwandten und Freunde? Nicht sehr wahrscheinlich. Und schon gar nicht möglich. Was ist aber, wenn die Person mit der Todesnähe-Erfahrung etwas sieht oder Einzelheiten aus dem Hier und Jetzt hört – Gespräche zum Beispiel, die in einem anderen Teil des Krankenhauses stattfinden? Wenn sie Dinge sieht, die sich nicht in dem Zimmer befinden, in dem ihr bewußtloser Körper liegt? Wenn Kinder komplizierte Vorgänge, die an ihrem im Koma befindlichen Körper vorgenommen werden, registrieren? Was, wenn jemand aus der Todesnähe-Erfahrung zurückkam und solche Details präzise beschreibt? Und wenn diese Details durch eine an der Situation beteiligte Person bestätigt werden konnten? Würden Sie dies als Beweis dafür gelten lassen, daß der Mensch nicht auf seinen Körper beschränkt ist? Lesen Sie die folgenden Berichte, und bilden Sie sich eine Meinung.

Der Turnschuh auf dem Sims

Maria, eine Frau mittleren Alters, lag in einem Krankenhaus, als ihr Herz versagte. Zu ihrem Erstaunen stellte sie fest, daß sie – nicht ihr Körper natürlich, sondern ihr Selbst – in dem Krankenhaus herumschwebte, während ein Ärzteteam erfolgreich darum kämpfte, ihr Herz wieder in Gang zu bringen.

Einige Tage danach kam Kim Clark, eine Sozialarbeiterin, zu Maria, um ihr zu helfen, sich mit einem schwerbeschädigten Herzen zurechtzufinden. Aber Maria interessierte sich nicht für das Gespräch. Sie mußte sich selbst und ihren Mitmenschen beweisen, daß sie nicht verrückt war, daß sie sich tatsächlich von ihrem Körper gelöst hatte.

Maria erzählte der Sozialarbeiterin von dem Turnschuh, den sie auf einem Sims unter einem Fenster gesehen hatte, drei Stockwerke oberhalb des Zimmers, in dem ihr Körper im Bett lag, als ihr Herz zu schlagen aufhörte. Um den Wahrheitsgehalt ihrer Aussage zu überprüfen, bat Maria Kim, das Fenster zu suchen und den Sims mit dem Turnschuh, aber es durfte nicht irgendein Turnschuh sein, sondern ein alter, dessen Schnürsenkel unter dem Hacken versteckt war und der eine abgenutzte Stelle über dem kleinen Zeh hatte.

Kim ließ Maria ihren Willen, ging drei Stockwerke hinauf, wie Maria es verlangt hatte, und zwei Zimmer weiter zu der beschriebenen Stelle. Kim öffnete das Fenster und tatsächlich, da lag der Turnschuh auf dem Sims, ganz allein, mit der abgenutzten Stelle über dem kleinen Zeh und auch sonst Marias Beschreibung entsprechend.

Wie erklären Sie sich das? Marias Beobachtung wurde durch die sehr skeptische Sozialarbeiterin erhärtet. Marias Körper hatte flach in einem Bett der Herzabteilung gelegen, das Herz (und natürlich auch die Augen) außer Funktion, als die Maria, die nicht auf ihren Körper beschränkt war, den Turnschuh auf dem Gebäudesims hatte liegen sehen.

In der Umgebung des vielstöckigen Harborview Krankenhauses gab es keine weiteren hohen Gebäude. Um also den Turnschuh auf dem Sims sehen zu können, wäre ein Hochleistungsfernglas in dem nächsten, mehrere Kilometer entfernten Wolkenkratzer notwendig gewesen.

Die Folgerungen, die sich aus der Aussage der zweiten Zeugin ergeben, sind sehr wichtig für den Fall. Der Turnschuh auf dem Sims ist ein materieller Gegenstand aus dem Reich des Physikalischen, ein Gegenstand aus der »realen« Welt. Für ihn und alle ähnlich gearteten Phänomene gilt:

a. Er kann unmöglich von der Person, die davon erzählt hat, in ihrem körperlichen Zustand gesehen (gehört, gerochen, gefühlt) worden sein, und

b. seine Existenz ist durch einen zweiten, unabhängigen Zeugen bestätigt worden.

Wer könnte der Erhärtung einer Aussage dienlicher sein als der Arzt, der die Wiederbelebung leitete? Lesen Sie den Bericht von Melvin Morse, dessen elfjähriger Patient genau beschrieben hat, was während seines zwanzigminütigen Herzstillstands alles geschah:

Er beschrieb detailliert seine eigene Wiederbelebung, als habe er sie von außerhalb seines Körpers beobachtet. Ein normaler Elfjähriger kann die Wiederbelebung in der Notaufnahme nicht mit großer Genauigkeit schildern, ganz egal wieviel er auch fernsieht.

Er konnte die Positionen und Farben der Instrumente in dem Raum genau angeben, die Geschlechtszugehörigkeit der anwesenden Ärzte und sogar, was sie während der verzweifelten Prozedur sagten.

63

Was soll man aus solchen Berichten machen? Ich habe Ihnen der Einfachheit halber nur zwei Beispiele vorgestellt, und ich glaube, daß diese beiden Fälle meine Behauptung mehr als bestätigen.

Ich behaupte: Etwas oder genauer jemand ließ seinen Körper zurück und sah Dinge, ohne seine körperlichen Augen zu benutzen, hörte Gespräche, ohne auf die Ohren in seinem Körper zurückzugreifen, und dachte und erinnerte sich an Dinge, ohne dazu das Gehirn seines Körpers zu benötigen.

Ein guter Grund

»Ein berechtigter Zweifel«, erklärt mir der Rechtsanwalt, mit dem ich befreundet bin, »ist ein Zweifel, für den es einen guten Grund gibt.« Zweifellos ist die eigene Meinung, daß so etwas »einfach nicht möglich ist«, kein guter Grund, die Aussagen von Personen, die Todesnähe-Erfahrungen gemacht haben, zu bezweifeln. Machen Sie sich das klar!

Vor kurzem hörte ich im Fernsehen ein Interview mit Sherwin Nuland, dem Chirurgen, der »*Wie wir sterben: Ein Ende in Würde?*« geschrieben hat. Der Interviewer fragte Dr. Nuland, ob er es für möglich halte, daß ein menschliches Wesen vielleicht Bestandteile habe, die *nicht* der Körper sind und vielleicht den Tod überleben könnten.

»Auf gar keinen Fall«, antwortete Dr. Nuland. »Das ist einfach unmöglich!« Dann fügte er hinzu: »Ich muß so denken. Nur so kann ich mir ein funktionstüchtiges medizinisches Gedankengebäude erhalten.«

Soweit ich das als Nichtjuristin beurteilen kann, hat Dr. Nuland hiermit keinen berechtigten Zweifel mit einem guten Grund vorgebracht.

Die Tarnung durchschauen

Natürlich gibt es einige Wissenschaftler, die auf der Erklärung bestehen, Todesnähe-Erfahrung sei die Folge von biochemischen oder neurologischen Störungen des Gehirns oder von Sauerstoffmangel im Gehirn. Es ist jedoch eindeutig unmöglich, Phänomene wie jener Turnschuh auf dem Sims auf diese Weise zu erklären.

Welche chemischen Veränderungen im Gehirn, welche irgendwie gearteten Umstände könnten einen Menschen mit Informationen darüber versorgen, was sich gerade in einem anderen Stadtteil zuträgt? Wenn der Körper zumindest zeitweise funktionsunfähig ist und die Person, der er gehört, dennoch Erfahrungen macht, die von einem zuverlässigen Zeugen bestätigt werden, muß man daraus schließen, daß es etwas im Menschen gibt, das nicht auf den Körper beschränkt oder in ihn eingesperrt ist. Obwohl dieses Etwas (der Überlebende, die Seele, Essenz, der Geist oder welchen Begriff Sie dafür auch vorziehen mögen) im Körper lebt, kann es auch ohne ihn fortbestehen. Und genau das trifft auch zu.

Daß es keine anderen Erklärungen für solche Phänomene wie jenen Turnschuh auf dem Sims gibt, ist natürlich entscheidend. Wenn Wissenschaftler, Ärzte und andere widerlegen wollen, daß etwas im Menschen unabhängig von seinem Körper weiterexistiert, merken sie mitunter an, die Person mit der Todesnähe-Erfahrung sei ja noch nicht tatsächlich – also unwiderruflich – tot gewesen.

Noch mehr Tarnung

Das hört sich doch wirklich logisch und wichtig an, nicht wahr? Aber sehen Sie genauer hin. Um die falsche Vorstellung von der Auslöschung ein für allemal aus dem Kopf zu vertreiben, muß ich nur beweisen, daß Menschen nicht auf ihren Körper beschränkt sind. Mit »auf den Körper beschränkt« meine ich:

- ausschließlich *innerhalb der Grenzen der Sinnesorgane des Körpers zu funktionieren,*
- ausschließlich *mit den Augen des Körpers zu sehen und nur das, was sich in der Reichweite dieser Augen befindet,* und

65

- ausschließlich *mit den Ohren des Körpers zu hören und nur das, was sich in der Reichweite dieser Ohren befindet.*

Nun, der Grund, warum diese Personen mit Todesnähe-Erfahrungen von Ärzteteams betreut werden mußten, war doch folgender: Sie wurden für tot gehalten – kein Herzschlag, kein Atmen, kein Blutdruck –, in ihrem Körper funktionierte nichts mehr. Das war doch die Ausgangslage, wenn Sie sich erinnern.

Also kann doch die Fähigkeit, über Gespräche in anderen Teilen des Krankenhauses zu berichten oder Phänomene zu sehen und zu schildern, die keinesfalls in Reichweite des toten Körpers waren, *auf gar keinen Fall* durch wissenschaftlichen Jargon erklärt werden. Sie kann nicht mit Vorsicht aufgenommen, zurückgewiesen oder verboten werden von einer Gruppe gut ausgebildeter, aber engstirniger Geister, die ihre Aufgabe darin sehen, »ein funktionstüchtiges medizinisches Gedankengebäude zu erhalten«, vor allem, wenn sie dazu ihre eigenen Regeln der Folgerichtigkeit und Vernunft über den Haufen werfen müssen.

Wie die Dinge nun wirklich aussehen

Nur um Ihnen einen allerletzten Beweis zu liefern, stelle ich Ihnen Elisabeth Kübler-Ross, die in der Schweiz geborene Ärztin, die das Feld der Todes- und Sterbeforschung vor fünfundzwanzig Jahren überhaupt erst eröffnete, kurz vor.

Ihre zahllosen persönlichen Erfahrungen haben sie davon überzeugt, daß das Weiterbestehen nach dem Tod eine Tatsache ist. In einem ihrer Bücher macht sie folgende Aussagen, die – so glaube ich – einen endgültig überzeugenden Charakter besitzen.

Dr. Kübler-Ross schreibt, sie habe mehrere blinde Personen mit Todesnähe-Erfahrungen befragt und dabei festgestellt: Diese Menschen, die auch nicht über die winzigste Lichtwahrnehmungsfähigkeit verfügten, konnten ihre Wiederbelebung detailliert beschreiben und über Einzelheiten wie das Muster

66

einer Krawatte, die Farbe eines Hemdes oder einer Jacke und über anwesende Personen genau berichten.

Solche Details hätten unter normalen Umständen niemals wahrgenommen werden können, da ein blinder Beobachter keine Möglichkeit besitzt, irgend etwas zu sehen – nicht einmal den Unterschied zwischen Licht und Schatten und schon gar nicht das Muster einer Krawatte.

Kann man sich das überhaupt vorstellen?

Nur weil dies den Schluß verlangt, daß der Mensch dem Tod nicht unterworfen ist, wie die Menschheit dies lange glaubte, nur weil dieser Schluß den Blick auf die Welt so gründlich verändert, den Blick darauf, wie wir unser Leben leben und wie wir unseren Tod erwarten, nur weil es uns so schwerfällt, eine Vorstellung zu verändern, die schon seit Ewigkeiten in unseren Gehirnen (und in der westlichen Kultur) verankert ist, bedeutet dies nicht, daß es uns nicht gelingen kann, uns die geschilderten Dinge vorzustellen. Natürlich kann es uns gelingen. Und es muß gelingen.

Vor einiger Zeit habe ich eine Definition des Wortes Demut gehört:

Demut heißt nicht, daß man sich auf den Boden wirft; das zieht einen nur runter. Demut bedeutet, zu wissen, daß man im nächsten Augenblick etwas lernen oder erfahren könnte, das den Blick auf die Welt radikal verändert.

Mir gefällt das, »den Blick auf die Welt radikal verändern«. Was könnte aufregender sein? Vor allem wenn diese veränderte Weltsicht dabei hilft, die beiden größten Hindernisse für ein lebenswertes Leben – Angst und Trauer – für immer aus dem Weg zu räumen.

Wir haben es hier mit einer radikalen Veränderung zu tun, mit einer Veränderung, die den Menschen an den Wurzeln seines Glaubenssystems packt. Doch ist die Veränderung erst einmal erfolgt, dann findet alles auf eine vollkommen neue, sehr viel erfreulichere Weise wieder zusammen, wie Sie noch sehen werden.

Sie ist eben doch rund

Sie erinnern sich, im fünfzehnten Jahrhundert glaubte man noch, die Welt sei eine Scheibe. Die Einsicht, daß sie eine Kugel ist, war mit Sicherheit ein großer Schritt vorwärts im Verständnis der Menschheit für ihre Welt und brachte eine große Veränderung in ihrer Weltsicht mit sich.

Als Kolumbus von seiner ersten großen Entdeckungsreise zurückkehrte, verlangte niemand von ihm, seine Beobachtungen immer wieder aufs neue zu beweisen. Nein, Kolumbus' sichere Rückkehr und die paar Dinge, die er mitbrachte, bewiesen, daß er an einem vollkommen neuen Ort gewesen war und es keinen Abgrund am Rande der Welt gab, in den man fallen konnte. Dieser Beweis ermutigte zudem den König und die Königin von Spanien, in eine Flotte für Kolumbus und andere Seefahrer zu investieren, um die jetzt bekannten neuen Quellen materiellen und ideellen Reichtums auszuschöpfen.

Ein wenig Demut

Was ich damit sagen will, ist dies: Es gab kein Zögern, ob man dem Glauben schenken sollte, was Kolumbus' Rückkehr bewiesen hatte. Oder anders ausgedrückt: Die Menschen besaßen genug Demut – ein ausreichendes Bewußtsein – zu erkennen, daß der Mensch einfach nicht *alles über alles* wissen kann. Damit konnten sie ihr Bild von der Natur der physischen Welt vollkommen neu überdenken und eine neue Vorstellung erschaffen.

Natürlich veränderte sich dadurch vieles für immer, zum Beispiel die Art, wie man Karten gezeichnet hatte. In Deutschland lebte zu dieser Zeit der Seefahrer und Kartograph Martin Behaim, der eine Karte von dieser neuen runden Welt schuf – einen Globus, den heute ältesten erhaltenen Erdglobus. Kolumbus' Sieg veränderte zweifellos auch den Handel nachhaltig, hatte er doch im wahrsten Sinne des Wortes »eine neue Welt« entdeckt.

Außerdem hat sich bestimmt auch die Bewertung der Risiken der Seefahrt bei den Seeleuten und damit auch bei den Menschen, die sie liebten, sehr verändert. Dieses neue Wissen muß irrationale Ängste und deren Begleiterin, die Trauer, ausgelöscht haben. Angeblich ist das eine typische Folge des Wissens. Man muß sie allerdings zulassen.

Für sich selbst Sicherheit aufbauen

Teilnehmer meines Kurses »Das Gespräch beginnen« erhalten an ihrem ersten Abend eine Bücherliste. Außerdem halte ich ihnen eine kleine Ermutigungsrede, die sich etwa folgendermaßen anhört:

Jemand hat mich einmal gefragt, ob ich hundertprozentig sicher sei, daß ich meinen eigenen Tod – also den Tod meines Körpers – überleben würde. Und ich antwortete – das liegt jetzt sechs Jahre zurück –, ja, und außerdem passe mir jede geringere Wahrscheinlichkeit überhaupt nicht, wenn der unvermeidliche Augenblick käme. Wenn ich auch nur einen 0,1-Prozent-großen Knacks in meiner Überzeugung hätte, durch den sich die Angst hereindrängen könnte, dann würde ich, wie die meisten anderen Menschen, in Angst sterben.

In Angst zu sterben ist eine Erfahrung, die ich auf gar keinen Fall machen möchte. Ich schlage vor, daß Sie ebenfalls darauf verzichten. Diese Erfahrung bietet kein schönes Bild. Sie ruft vielmehr tiefsten Widerstand hervor.

Es ist möglich, dem zu entgehen, und Sie können mir glauben, das ist es, was Sie wollen. Um jedoch das Maß an Überzeugung aufzubauen, das Sie brauchen werden, und um das Geschenk der Furchtlosigkeit in Empfang nehmen zu können, das hundertprozentige Sicherheit vermittelt und das alle Menschen mit Todesnähe-Erfahrungen auszeichnet, müssen Sie einiges tun.

Durchdenken Sie alles gründlich, was wir bisher besprochen haben, stellen Sie Ihre schwierigsten Fragen, bringen Sie Ihre Zweifel in deutlicher Sprache zum Ausdruck, und öffnen Sie sich so weit wie nur irgend möglich. Befreien Sie sich so weit wie möglich von den Vorurteilen, mit denen Sie aufgewachsen sind und die wahrscheinlich noch immer von Ihnen Besitz ergriffen haben. Vielleicht hilft es Ihnen, daran zu denken, daß Sie in Ihrer Rolle als Geschworener und Mitglied des Gerichts die Verpflichtung (vor allem vor sich selbst) eingegangen sind, mit einer offenen, vorurteilslosen Einstellung zuzuhören und zu lesen. Das ist Ihre Aufgabe. Erfüllen Sie sie, und ein großer Sieg wird der Ihre sein. Sie werden sehen, das Material, das ich Ihnen hier präsentiere, ist verständlich und logisch nachvollziehbar. Es macht die Sache zu einem soliden Fall.

Fangen Sie bereits an, sich davon überzeugen zu lassen, daß Überleben möglich ist? Wenn Sie Ihr Vertrauen darauf weiter ausbauen wollen (was sicherlich notwendig ist), dann ist es gut, wenn Sie möglichst viele Berichte über Todesnähe-Erfahrungen aus erster Hand lesen.

Beim Lesen stellen Sie sich vor, daß die erzählende Person direkt vor Ihnen steht – ein vollständiger Mensch, der ein normales Leben (was auch immer das bedeutet) führte, genau wie Sie. Hören Sie sich seinen oder ihren Bericht genau an, und achten Sie dabei vor allem auf jene Phänomene wie den Turnschuh auf dem Sims, die für unsere Sache so besonders wichtig sind. Und dann überprüfen Sie Ihre Einstellung von neuem.

Außer Büchern schlage ich Ihnen auch einige Filme vor, die Sie ausleihen und ansehen können. Das wird Ihnen Spaß machen, diese Bücher und Filme vertreten die hier zur Disposition gestellten Auffassungen.

Empfehlenswerte Bücher und Filme:
- Raymond A. Moody, *Leben nach dem Tod*
- Melvin Morse, *Zum Licht*
- Dannion Brinkley, *Zurück ins Leben*

- *Der starke Wille* (1980) – Ellen Burstyn, Sam Shephard
- *Ghost – Nachricht von Sam* (1990) – Patrick Swayze, Demi Moore, Whoopi Goldberg
- *Wie verrückt und aus tiefstem Herzen* (1990) – Juliet Stevenson, Alan Rickman

5
Der Überlebende setzt seine Reise fort

Fassen wir das bisher Gesagte noch einmal kurz zusammen: Ein Aspekt des Menschen, eine Essenz funktioniert über die körperlichen Grenzen hinaus, zumindest in jenen Augenblicken, in denen der Körper nicht auf eine dauerhafte Zerstörung zusteuert. Dabei handelt es sich nicht um ein Kunstprodukt des Streits um Todesnähe gegen Tod. Um diese Überzeugung zu vertiefen, ist es notwendig, dem Überlebenden, welcher Natur auch immer er sein mag, Tage, Monate und Jahre nach dem Ableben des Körpers zu folgen.

Wenn ich »folgen« sage, will ich damit natürlich nicht den Eindruck erwecken, daß es eine ununterbrochene Spur gibt, der man wie Fußabdrücken im frischen Schnee folgen kann. Dennoch hat die Verfolgung des Überlebenden eine gewisse Ähnlichkeit mit diesem Vorbild aus der Natur. Wenn Wissenschaftler zum Beispiel die Wanderbewegungen der Blauwale ergründen wollen, befestigen sie einen Sender an einem der Tiere und richten sich nach den Signalen, die dieser ausstrahlt. Den Wal selbst mögen sie manchmal monatelang nicht zu Gesicht bekommen, durch die Signale jedoch können sie sicher sein, daß ihr Forschungsobjekt irgendwo da draußen im Meer umherschwimmt.

Mit anderen Worten, die fortdauernde Existenz des Wals wird nicht, wird niemals, in Frage gestellt. Überdies kann, selbst wenn der Sender seine Funktion einstellt, nicht automatisch auf den Tod des Wals geschlossen werden.

Wenn eine Person ihren Körper für immer verläßt oder stirbt, wie wir gewohnt sind zu sagen, ist dies vergleichbar mit

73

der Situation des Wals, der tief taucht und aus dem Sichtfeld verschwindet. Der Wal ist in seinem Element. Der Mensch kann ihm nicht folgen, weil er von seinen *körperlichen, beschränkten Möglichkeiten,* die der Wal nicht mit ihm gemeinsam hat, daran gehindert wird. Aber der Mensch räumt trotzdem ein, daß der Wal noch existiert, da er ja ab und zu die Signale des kleinen Senders erhält.

Was nun den Überlebenden des toten Körpers betrifft, so ist der Mensch auch hier nicht in der Lage, diesem direkt zu folgen. Natürlich nicht, denn der Überlebende hat ja keinen Körper mehr. Er hat das Element des Menschen verlassen. Wir suchen also sozusagen nach einem Signal von dem Teil des Menschen, der nicht auf seinen Körper beschränkt ist, oder mit anderen Worten, der eine Existenz unabhängig vom Körper besitzt.

Die altbekannte Vorstellung, ein Mensch sei ein physischer Gegenstand, hält uns davon ab, das Offensichtliche zu sehen. Stellen Sie sich folgendes vor: Sie halten sich im Wald auf und folgen mit einem Fernglas dem Treiben eines wunderschönen kleinen Vogels. Der Vogel verschwindet hinter einem besonders dicken Baum. Ihr Fernglas bleibt auf den Baum gerichtet, da Sie genau wissen, daß der Vogel wieder hervorkommen wird – er ist nur zeitweise aus Ihrem Gesichtsfeld verschwunden. Nur weil Sie ihn in diesem Augenblick nicht sehen können, zweifeln Sie deshalb bestimmt nicht seine Existenz an. Da ist eben nur etwas Großes und Undurchsichtiges – in diesem Fall ein Baum –, das Ihre Sicht behindert.

Nun gut, was den Blick auf die *tatsächliche* Person blockiert, wenn vor uns im Bett ein toter Körper liegt, ist der Glaube, daß die Person dieses Ding *war*, hinter dem sie soeben verschwunden ist. Unverkennbar ist diese Hülle, die noch Momente zuvor eine Person in sich barg, nun leer. Der tote Körper ist eindeutig *eine Sache* und *keine Person.*

Es erscheint dem Betrachter, als habe der Baum den Vogel verschluckt. Deshalb richtet er auch weiterhin seinen Blick auf den Baum, schließlich hat er den Vogel dort zum letzten Mal gesehen. So eine einfache Lösung wirkt ein klein wenig beschämend, aber nehmen Sie es sich nicht zu Herzen. Die Verwirrung ist deshalb so verständlich, weil sich die Beziehung, die man zu der verstorbenen Person hatte, vor allem auf der körperlichen Ebene abgespielt hat. Von daher muß ja die Assoziation zwischen der Person und der Leiche tief im Kopf verankert sein. Diese Haltung unterscheidet sich nicht sehr von jener, die sogenannten primitiven Völkern zu eigen ist, die glauben, ein Foto, eine ausschließlich physische Abbildung einer Person, könne deren Essenz und Geist einfangen.

In dieser Beweisführung, daß die Person das Ableben ihres Körpers irgendwie überlebt, hoffe ich noch immer einen Hinweis auf Persönlichkeit ohne Körper zu finden. Über die Todesnähe-Erfahrung hinaus möchte ich wissen, ob die Person überlebt, wenn der Körper den endgültigen Tod erfahren hat.

Meine Freundin Diane rief: »Ach, das ist einfach, Ganga, es gibt doch so viele Sensitive, Channeler und Medien. Es ist doch so viel darüber berichtet worden.« Ich mußte lachen. Natürlich, da draußen gibt es eine riesige Menge Material, und falls dies *für Sie* als Beweis und zum Aufbau Ihrer Überzeugung ausreicht, brauchen Sie dieses Buch eigentlich nicht.

Tatsache bleibt jedoch: Die meisten Menschen nehmen die Bemühungen von Sensitiven und Medien einfach nicht ernst genug, und seien sie noch so glaubwürdig. Das ist die Wahrheit. Die Angelegenheit mit dem *vertrauenswürdigen* Zeugen spielt auch weiterhin eine bedeutende Rolle. Für die meisten Menschen erscheint eine Person nicht vertrauenswürdig, wenn sie nicht an den besten Universitäten studiert oder in den besten medizinischen Hochschulen ihren Abschluß gemacht hat und sich nicht darüber hinaus weitgehend in den engen Grenzen des, nun ja, konventionellen Wissens bewegt.

Meine persönliche Meinung geht weder in die eine noch in die andere Richtung. Ich weiß nur von der Überprüfung meiner eigenen Einstellungen, daß die obige Schilderung zutrifft. Ich freue mich auf den Tag, an dem jemand fähig sein wird zu sagen: »Ich bin mir sicher, daß es ein Leben nach dem Tod gibt, denn schließlich hat mein Arzt mir dies bestätigt.«

Aus diesem Grund zitierte ich für Sie vor allem aus den Werken von Universitätsabsolventen. Wie fast jeder weiß, sind Doktoranden einem strengen Ausbildungsprozeß unterworfen, der tief in der Logik der wissenschaftlichen Methodik verwurzelt ist. Die Ausbildung fußt allerdings auch auf der Annahme, daß das menschliche Wesen auf den Körper beschränkt ist und daher zu existieren aufhört, wenn der Körper stirbt. Innerhalb dieses engen intellektuellen Rahmens und daher für die meisten Ärzte und Medizinstudenten, selbst wenn sie offen sind und die Dinge hinterfragen, kann die Möglichkeit von Leben nach dem Leben nicht tatsächlich in Betracht gezogen werden. Sie kann ja, wie ich bereits gezeigt habe, nicht »wissenschaftlich« bewiesen werden. Außerdem widerspricht sie der Weltsicht, auf der medizinische Studien basieren.

Nach diesen einleitenden Worten muß ich Sie drängen, »Die zahlreichen Leben der Seele« von Brian Weiss zu lesen. Dieser Psychiater erhielt seine Fachausbildung an den Universitäten von Columbia und Yale. Weiss legt in seinem Buch nicht nur eine äußerst solide Fallstudie vor, die jeglichen berechtigten Zweifel am Leben nach dem Tod unmöglich macht, er weiß außerdem sehr anregend zu erzählen.

Brian Weiss, ein Schulmediziner, stand der Sache anfangs äußerst skeptisch gegenüber. Nur mit Widerstreben konnte er sich dazu durchringen, den Beweis dafür zu erbringen – und es ist tatsächlich ein Beweis –, daß Menschen nicht sterben. Das Risiko – oder vielmehr die Gewißheit –, die Achtung ihrer Kollegen zu verlieren, ist eine schwerwiegende Angelegenheit für Personen in medizinischen Berufen, vor allem da die meisten sehr lang und hart dafür gearbeitet haben, um sie überhaupt erst zu erringen. Weiss sagt: »Ich habe vier Jahre gebraucht, um über das zu schreiben, was passiert ist, vier Jahre, um den Mut aufzubringen und das berufliche Risiko auf mich zu nehmen, diese unorthodoxen Informationen zu veröffentlichen.«

Welche Erfahrungen also hatten Dr. Weiss regelrecht gezwungen, alles, wofür er gearbeitet hatte, aufs Spiel zu setzen, um sie niederzuschreiben? In seinem Buch erzählt er seine Geschichte in allen Einzelheiten. Das Wesentliche sei hiermit zusammengefaßt:

Dr. Weiss hatte eine Patientin namens Catherine, die zu ihm in Behandlung kam, weil sie unter schweren Angstzuständen litt. Trotz der besten Methoden aus der konventionellen Psychotherapie verbesserte Catherines Zustand sich nicht. Weiss entschloß sich, sie mit einer Hypnosetherapie zu behandeln, weil er vermutete, daß ihre Symptome möglicherweise in einer Phase ihres Lebens wurzelten – in der frühen Kindheit zum Beispiel –, zu der sie im Wachzustand keinen Zugang hatte.

Im Verlauf ihrer ersten Hypnosesitzung erinnerte sich Catherine an zwei Ereignisse – das eine im Alter von drei und das andere mit sechs Jahren –, die logisch und ursächlich mit ihren gegenwärtigen Symptomen in Verbindung zu stehen schienen. Doch bei der nächsten Sitzung mußte Catherine einem verblüfften Dr. Weiss sagen, daß ihre Symptome sich nicht gebessert hatten.

Weiss versetzte Catherine erneut in Hypnose und gab ihr einen einzigen klaren Befehl: »Gehen Sie zurück in die Zeit, in der Ihre Symptome ihren Ursprung haben.« Was als nächstes geschah, machte Dr. Weiss sprachlos. Denn seine Patientin begann, ihm Einzelheiten – sehr genaue und zahlreiche Einzelheiten – aus einem Leben zu berichten, das nahezu viertausend Jahre zurücklag und in dem sie ertrunken war, mit ihrer kleinen Tochter und dem ganzen Dorf von einer Sturmflut fortgerissen.

Nicht nur Dr. Weiss hatte zuvor der Reinkarnationstherapie keinen Glauben geschenkt, auch Catherine lag diese Theorie völlig fern. Doch zu Beginn ihrer nächsten Sitzung berichtete Catherine erfreut, daß ihre lebenslange Angst vor dem Ertrinken und ihre wiederkehrenden Alpträume zu diesem Thema verschwunden waren – für immer, wie sich später herausstellte.

Diese Episode, der erste von zahlreichen Ausflügen, auf die Catherine Brian Weiss mit in ihre vergangenen Leben nahm, brachte den Psychiater dazu, die medizinische Literatur in bezug auf Reinkarnation zu überprüfen. Unter anderem stieß er

77

auf die sorgfältig dokumentierte Arbeit von Dr. Ian Stevenson, einem Psychiatrieprofessor an der Universität von Virginia, der von über zweitausend Kindern mit Erinnerungen an vergangene Leben berichtet. Einige der Kinder beherrschten Sprachen, mit denen sie in ihrem gegenwärtigen Leben niemals in Kontakt gekommen waren.

Weiss bewahrte sich seine Skepsis, setzte aber dennoch seine Arbeit mit Catherine fort und beobachtete verblüfft, wie ihre Symptome weiter zurückgingen. Er hörte sich ihre Berichte aufmerksam an, trotz seiner seit langem bestehenden berufsbedingten Vorurteile, immer in der Hoffnung auf irgendwelche unbestreitbaren Beweise dafür, daß alles, was Catherine während der Hypnose sah und hörte, die objektive, verifizierbare Wahrheit war.

Und dann geschah es! Gegen Ende einer Sitzung, während der Catherine von ihrem durch eine Krankheit verursachten Tod, der lange, lange Zeit zurücklag, berichtet hatte, fing sie an, über den losgelösten, unpersönlichen Zustand zwischen zwei Inkarnationen zu sprechen. Dies waren ihre Worte:

»Dein Vater ist hier und dein Sohn, der ein kleines Kind ist. Dein Vater sagt, du wirst ihn erkennen, weil sein Name Avrom ist und deine Tochter nach ihm benannt wurde. Überdies kam sein Tod durch sein Herz. Bei diesem Sohn war es auch das Herz, denn es lag verkehrt wie bei einem Huhn.«

Auf welche Weise konnten diese wenigen Worte Dr. Weiss vollkommen davon überzeugen, daß Catherines Berichte die Wahrheit waren?

1. *Catherine wußte nichts über sein Privatleben.*
2. *Sein Vater, ein robuster Einundsechzigjähriger namens Alvin, war, einige Monate bevor Catherine Dr. Weiss das erste Mal aufsuchte, an einem Herzinfarkt gestorben. Sein hebräischer Name Avrom war in keinem einzigen Dokument festgehalten. Und Brian Weiss' Tochter, die vier Mo-*

nate nach dem Tod ihres Großvaters zur Welt kam, wurde nach ihm Amy genannt.

3. *Der Tod von Weiss' Erstgeborenem, dreiundzwanzig Tage nach seiner Geburt, lag elf Jahre zurück. Das Baby war mit einem ungewöhnlichen, sehr seltenen Herzfehler zur Welt gekommen. Die Lungenvenen, die sauerstoffangereichertes Blut zurück zum Herzen führen sollten, lagen verkehrt und traten auf der falschen Seite in das Herz ein. Es war, als sei sein Herz nach hinten umgestülpt. Das Baby hätte nicht überleben können.*

Für Weiss waren Catherines Worte der unumstößliche Beweis: Er und sie erforschten tatsächlich reale Leben in der historischen Vergangenheit! Sie waren der Beweis dafür, daß Catherine, obwohl sie viele, viele Tode durchlitten hatte, niemals aufgehört hatte, sie selbst zu sein. Sie war niemals ausgelöscht worden. Lediglich ihre zahlreichen Körper waren gestorben.

»Und was ist nun«, fragte er sich, »mit meinem Vater und meinem Sohn? Auf gewisse Weise sind sie noch am Leben; sind nie wirklich gestorben. Noch Jahre nach ihrer Beerdigung haben sie zu mir gesprochen, mir ihre Fortexistenz bewiesen, indem sie mich mit sehr detaillierten und geheimen Informationen versorgt haben.«

Welche Meinung haben Sie nun zu diesem Fall?

Empfehlenswerte Bücher:
- Brian Weiss, *Die zahlreichen Leben der Seele*
- Joel Whitton/Joe Fisher, *Das Leben zwischen den Leben*

6

Der Überlebende im Hier und Jetzt

Ich habe mich für Sie mit demjenigen befaßt, der seinen eigenen Tod überlebt und ihn in der Zeit unmittelbar nach seinem körperlichen Tod begleitet. Und ich habe für Sie einen Blick auf den Überlebenden geworfen, der in vergangene Leben hinein- und wieder hinausgleitet, und sogar auf seine langen Pausen zwischen den Leben. Aber wo befindet sich dieser Überlebende in diesem Augenblick?

Wer liest dieses Buch?

Der folgende Abschnitt ist entscheidend für unsere gemeinsame Arbeit, also überspringen Sie ihn bitte nicht. Hier geht es darum, denjenigen, der Ihren körperlichen Tod überleben wird, mit der Person zu verbinden, die jetzt, in diesem Augenblick, diese Worte liest. Hier soll die Saat der Informationen und Vorstellungen in den fetten Boden alltäglicher Erfahrungen eingepflanzt werden, damit sie dort Wurzeln schlagen und Früchte tragen kann. Diese Früchte sind die Gewißheit, daß der Mensch bei seinem Tod nicht ausgelöscht wird. In diesem Kapitel will ich Ihre Überzeugung aufbauen – eine Überzeugung, die Ihnen Frieden und Vertrauen angesichts Ihres eigenen Todes schenken wird.

Hier ist noch einmal die Abbildung von der Firma »Falsche Vorstellung von der Auslöschung & Co. KG«. Denken Sie daran, das Fundament dieses Gebäudes besteht aus der Vorstellung, daß der Mensch auf seinen Körper *beschränkt* ist.

81

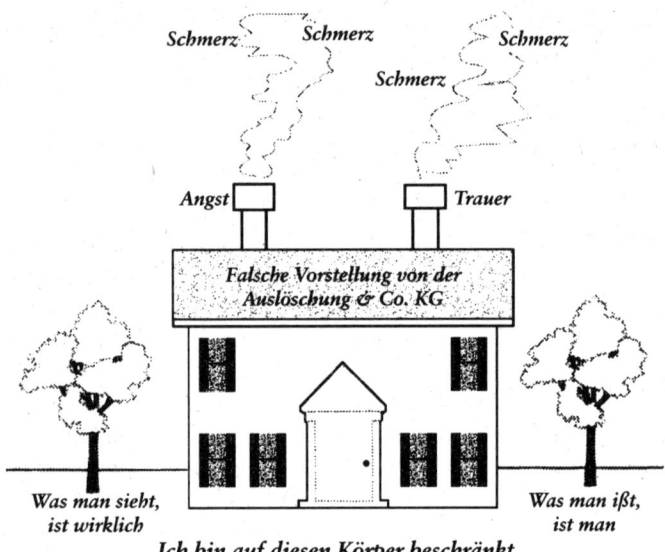

Schmerz Schmerz Schmerz Schmerz

Angst Trauer

Falsche Vorstellung von der
Auslöschung & Co. KG

Was man sieht, Was man ißt,
ist wirklich ist man

Ich bin auf diesen Körper beschränkt

Im folgenden möchte ich Ihnen einige Möglichkeiten anbieten, wie Sie hier und jetzt einen Blick auf jenen Bestandteil Ihrer selbst werfen können, der nicht auf Ihren Körper beschränkt ist.

Mit hier und jetzt meine ich heute. Ich möchte Sie dazu einladen, mit mir einen Vierundzwanzig-Stunden-Tag zu betrachten und herauszufinden, welche Möglichkeiten er bietet.

Wach oder schlafend

Im Augenblick sind wir beide wach: Sie lesen und ich schreibe. Das bedeutet, wir sind im Wachzustand. Im späteren Verlauf des Tages werden wir beide müde sein und zu Bett gehen. Nach dem Einschlafen gibt es nur zwei Möglichkeiten: entweder wir träumen, oder wir schlafen traumlos. Uns stehen also im Verlauf von vierundzwanzig Stunden nur drei mögliche Zustände zur Verfügung:

- *der Wachzustand,*
- *der Traumzustand und*
- *der Tiefschlaf.*

Ebenso wie jemand, der eine Todesnähe-Erfahrung gemacht und von außerhalb zugesehen hat, was mit seinem kalten Körper geschieht, beobachtet jeder Mensch, was geschieht, wenn sein Körper einwandfrei funktioniert und er sich lebendig und gut fühlt. Wir sind uns dessen nicht bewußt, daß wir uns die ganze Zeit ununterbrochen beobachten.

Derjenige, den wir den Überlebenden der Todesnähe-Erfahrung nennen, ist der gleiche, der aus dem Inneren unseres Körpers heraus ununterbrochen aufpaßt und beobachtet. Ich will ihn den Zeugen nennen. Diese Bezeichnung fügt sich gut in das Bild von den rechtsgültigen Beweisen ein, welches ich Ihnen bereits an früherer Stelle präsentiert habe. Der Zeuge ist derjenige, der alles sieht und aufzeichnet. Ich werde Ihnen nun den Zeugen in allen drei Zuständen nahebringen und zu diesem Zweck mit dem Wachzustand beginnen. Ich will Ihnen eine Geschichte erzählen.

Hier bin ich

Vor einigen Jahren hatte ich eine Freundin, Frau West, eine sehr reiche Frau, die über neunzig Jahre alt war. Eines Nachmittags zeigte sie mir ein sehr altes vergilbtes Foto, auf dem sie als kleines Mädchen abgebildet war. »Hier bin ich«, sagte sie stolz und wies mit dem Finger auf die reich gekleidete kleine Gestalt, die auf dem Bock einer eleganten Kutsche saß. »Meine Eltern hatten mir erlaubt, vorn beim Kutscher mitzufahren. – Es war ein solches Vergnügen.«

Zwischen dem kleinen Mädchen auf dem Foto und der lebhaften alten Dame auf dem Sofa neben mir in ihrer gemütlichen

Bibliothek gab es keinerlei körperliche Ähnlichkeit. Doch Frau West fiel es nicht schwer, sich selbst auf dem Bild zu erkennen, obwohl mir dies bestimmt unmöglich gewesen wäre.

Sie vermochte sich in diesem sehr anderen Körper wiederzuerkennen, weil sie sich an den Augenblick erinnern konnte. Sie war vor beinahe neunzig Jahren Zeuge dieses Moments, hatte ihn sich eingeprägt und nun wieder abgerufen, um ihn mit mir an diesem sonnigen Tag zu teilen und damit eine magische Brücke zwischen ihrer Zeit und der meinen zu bauen.

Wer (oder was) war es, der diesen Augenblick vor so langer Zeit einfing und an jenem Nachmittag wieder hervorholte? Es war der Zeuge oder in diesem Fall die Zeugin des Wachzustands. Sie können den Zeugen des Wachzustands jederzeit kennenlernen. Es ist derjenige, der gerade die Wörter auf dieser Seite liest. Schließen Sie jetzt die Augen.

Als Sie meiner Aufforderung folgten, verschwanden die visuellen Bilder. Dennoch waren Sie vollständig anwesend, haben die Geräusche im Raum wahrgenommen und sich vielleicht gefragt, worin der Sinn all dieser Vorstellungen liegt. Derjenige, dem Ihre Gedanken bewußt sind und die er beobachtet, ist jedenfalls der Zeuge des Wachzustands.

Er ist nicht, ich betone es, *nicht* identisch mit Ihrem Verstand. Er ist der Zeuge des Verstands (im Wachzustand). Er ist derjenige, der Sie, wenn Sie einen kleinen, häßlichen Gedanken (oder einen liebevollen) haben, darauf aufmerksam macht, in der Regel mit einem leicht wertenden Unterton.

Derjenige, der Ihre Gefühle beobachtet, ist ebenfalls der Zeuge des Wachzustands. Wenn Ihnen das, was ich meine, noch nicht klar ist, dann stellen Sie sich das Folgende vor:

Heute abend rufen Sie Ihren besten Freund oder Ihre beste Freundin an, um ihm oder ihr von einer unangenehmen Begegnung zu erzählen, die Sie heute morgen auf dem Weg zur Arbeit hatten. Sie berichten: »Ich war so wütend, daß ich kaum etwas zu sagen vermochte. Der ganze Tag war für mich ruiniert. Ich war unglaublich aufgebracht!«

84

Derjenige, der sich an die lebhaften Gefühle dieses Morgens erinnert, ist der Zeuge des Wachzustands. Er ist nicht derjenige, der sich schlecht behandelt und scheußlich fühlte (in der Tat, wo ist der überhaupt?). Er ist derjenige, der den Zusammenstoß beobachtet hat und darüber reden kann, ohne sich von neuem aufzuregen. Er ist derjenige, der eine gleichbleibende Beobachtungsfähigkeit aufwies und sich in der notwendigen emotionalen Distanz zur Handlung befand. Er ist der Zeuge des Wachzustands.

Der Zeuge des Wachzustands kann am leichtesten ermittelt werden, indem man sich an Ereignisse der Kindheit erinnert.

Dazu die folgende Übung: Rufen Sie sich eine Episode aus Ihrer Kindheit ins Gedächtnis, je jünger Sie dabei waren, desto besser ist es. Hier eine meiner Kindheitserinnerungen:

Ich kann mich daran erinnern, wie ich auf dem Fußboden im Haus meiner Tante Mary in Queens versucht habe, ein Kartenhaus zu errichten. Es gelang mir, das Haus einige zittrige und empfindliche Stockwerke emporzubauen, nur um es dann durch einen einzigen unachtsamen Atemzug zusammenbrechen zu sehen. Ich war noch sehr klein – noch befand ich mich in einem sehr viel kleineren Körper als heute. Mein Gesicht war dem Boden so nahe, daß das unsicher errichtete Haus tatsächlich durch meinen Atem gefährdet war. Es stürzte wieder und wieder ein, bis ich endlich die Zusammenhänge begriff.

Ich erinnere mich daran, daß mein Gesichtsfeld auf das Kartenhaus und einige Quadrate des Fußbodenparketts beschränkt war. Alles erschien mir groß, vor allem Tante Marys Gesicht. Der Maßstab war ein vollkommen anderer, und meine Erinnerung ist rein visuell, lauter Nahaufnahmen durch die Augen eines Kindes.

Also gut, nun sind Sie an der Reihe. Wählen Sie ein Ereignis aus, an dessen zahlreiche Einzelheiten Sie sich erinnern – zum Beispiel einen Feiertag, einen Geburtstag, eine Ferienreise. Erinnern Sie sich an etwas, dessen Atmosphäre Ihnen vollständig zugänglich ist.

Machen Sie sich nun klar, daß sich die Erinnerung aus zwei recht unterschiedlichen Bestandteilen zusammensetzt. Ich will sie Film und Ton nennen.

Der Film, einem altmodischen, selbstgedrehten Streifen vergleichbar, wurde zu dem einzig möglichen Zeitpunkt gedreht, nämlich dann, als das Ereignis stattfand. Und derjenige, der ihn gedreht hat, war auch derjenige, der anwesend war: der Zeuge des Wachzustands, der das Ereignis durch die recht naiven Augen des Kindes – also durch Ihre Augen – wahrnahm.

Dann ist da der Ton. Stellen Sie sich vor, daß Sie diesen alten Film Ihren heutigen Freunden zeigen. Sie geben Kommentare zur Handlung ab und erklären die Einzelheiten, während der Film abläuft. Sie und Ihre Freunde haben viel Spaß bei der Sache und lachen herzlich, denn da ist diese lustige Lücke zwischen Ihrem Aussehen und Handeln heute und jenem als Kind.

Ihre Kommentare, mit Ihrer heutigen Stimme gesprochen, geben Ihre Perspektive als Erwachsener wider: Ihr heutiger Standpunkt basiert auf einem Berg kleiner Erfahrungen wie jene, die der Film zeigt. Der Erzähler, derjenige, der Meinungen zum Ausdruck bringt, der Kommentator, erzählt die Geschichte aus der Perspektive des Menschen, der Sie heute sind. Geben Sie nun acht!

Halten Sie den Film an. Sind Sie dieselbe Person, dessen niedlicher kleiner Kinderkörper eben noch über die Leinwand gesprungen ist? »Natürlich bin ich das«, antworten Sie. »Könnt ihr das denn nicht sehen?«

Nein, *wir* können es nicht sehen. Und wir können es deshalb nicht sehen, weil Ihr Körper sich vollkommen verändert hat. Der Standpunkt, von dem aus Sie die Geschichte erzählen, hat sich doch ebenfalls geändert, nicht wahr?

Aber irgend etwas ist gleich geblieben. Gleich geblieben ist der Zeuge des Wachzustands. Derjenige, der die Ereignisse der Kindheit beobachtete und auch heute aufpaßt. Derjenige, der Vorstellungen und Meinungen zu den Ereignissen entwickelt, ist der Verstand. Derjenige, den die körperlichen Ereignisse oder Veränderungen berühren, ist der Körper. Doch derjenige,

86

der die Abenteuer des Körpers beobachtet, der sich die Meinungen, Vorstellungen und Gefühle des Verstandes anhört, das ist der Zeuge des Wachzustands – und damit *derjenige, der Sie tatsächlich sind.*

Dies ist ein so subtiler und kritischer Punkt. Lassen Sie ihn nicht entgleiten. Stehen Sie auf, und treten Sie vor einen Spiegel. Sehen Sie das Gesicht? Es unterscheidet sich sehr von dem Gesicht, das Sie als kleines Kind hatten, nicht wahr? Aber Sie sind noch immer der- oder diejenige, der oder die Sie schon immer waren, oder etwa nicht?

Derjenige, der durch diese Augen nach draußen blickt, ist derjenige, der dies auch schon tat, als Ihr Körper noch sehr jung war. Der Körper hat sich grundlegend geändert, aber derjenige, der die Szenen dieses fortlaufenden Kinofilms durch die Augen wie mit einer Kamera dreht, ist derselbe, derselbe, derselbe.

Das ist der Grund, warum Sie sich manchmal bei dem Gedanken erwischen, wie merkwürdig es ist, in diesem erwachsenen Körper, in diesem alternden Körper zu sein, wo Sie doch in Wahrheit noch immer derselbe sind wie dieses Kind vor langer Zeit. Vielleicht sagen Sie: »Mann, ich kann's gar nicht glauben, daß ich das sein soll!«, wenn Sie Ihr Spiegelbild in einem Schaufenster sehen oder ein Foto von sich in der Hand halten.

Das sind natürlich *nicht* Sie, das ist nur Ihr Körper, Ihr Fahrzeug, Ihr Zuhause. Und dieses kleine ungläubige Gefühl, das Sie spüren, wenn Sie Ihren Körper sehen, ist durchaus vernünftig, denn es zeigt Ihnen, daß Sie sich dessen *bewußt* sind, etwas Beständiges und Unveränderliches während und trotz all der körperlichen Veränderungen zu sein.

Denken Sie daran, wir verfolgen denjenigen, der *nicht auf den Körper beschränkt* ist. Können Sie ihn bereits sehen? Dieses Leben scheint ein Beobachtersport zu sein. Sehen Sie es sich an!

Klassentreffen

Ich ging zu einem Klassentreffen – gemeinsam hatten wir vor fünfunddreißig Jahren den Highschool-Abschluß gemacht, und unser Treffen war für mich eine gute Gelegenheit, um herauszufinden, was sich verändert und was gleich geblieben war. Alle Körper der Abschlußklasse von 1959 haben das gleiche Alter. Bei diesem Klassentreffen waren wir alle dreiundfünfzig Jahre alt.

Als ich mich in der Gruppe umblickte, die jedes Jahr kleiner zu werden schien, sah ich, daß einige, die Großeltern geworden waren, auch so aussahen. Ich mußte die Gesichter lange anstarren, um herauszufinden, wer sich dahinter verbarg. Und dann brach ein Funke des alten Klassenkameraden durch und ich erkannte: Diese Leute waren diejenigen geblieben, die sie schon immer waren, auch wenn sie jetzt die Rolle der stolzen Großeltern sehr gut spielen. Manche von uns sind Kinder geblieben, obwohl wir nun selbst Kinder haben. Wir sind unreif und werden es wahrscheinlich auch bleiben. Ich habe nicht einmal meine Garderobe besonders geändert in all den Jahren – noch immer trage ich Turnschuhe, Sweaters und Jeans. Ich will weder mich noch andere in die Irre führen. Mein Ziel ist es nicht, jünger auszusehen. Bequem muß es sein, das ist, was ich brauche.

Wie auch immer, hier kommt der süßeste Typ aus meiner Klasse, sein Name ist Izzy. Noch immer der gleiche, hat er sich seine Verspieltheit und sein Selbstvertrauen bewahrt. Verändert hat sich nur sein Körper, der in der Mitte dicker ist und oben weniger Haare hat. Seine Haare wirken unnatürlich schwarz, nun gut, meine sind ja auch unnatürlich blond.

Und noch etwas hat sich verändert: Izzy flirtet jetzt mit mir, dem früheren Mauerblümchen, also einem der weniger populären Mädchen der Klasse. Ich bemerke, wie ich in altes Verhalten zurückfalle, aufgeregt und ein wenig aufgelöst bin, obwohl ich seit vielen Jahren selbstsicher und kein bißchen schüchtern mehr bin. Es liegt nicht daran, daß dies ein ernster

Flirt ist; Izzy ist verheiratet, und ich bin sowieso nicht zu haben.

Doch die Faszination für uns beide liegt in der Spannung zwischen den Menschen, die wir jetzt sind, und den wiederbelebten Geistern derer, die wir damals waren. Klassentreffen sind wegen dieses flackernden Tanzes zwischen Gegenwart und Vergangenheit ein so faszinierendes Spiel.

Und damit schlagen wir die Brücke zu unserem Thema. Je mehr der Körper sich ändert, desto mehr bleibt der Zeuge des Wachzustands derselbe. Die gleiche Jugendliche, die sich vor fünfunddreißig Jahren durch diesen recht beliebten Jungen eingeschüchtert fühlte, fühlt sich auch heute von ihm eingeschüchtert – aber auch wiederum nicht – beides gleichzeitig. Nur um die Ränder noch ein wenig weiter zu verwischen, diejenige, die diesen amüsanten Augenblick während des Klassentreffens bemerkte und aufzeichnete, war die Zeugin des Wachzustands.

Der Zeuge des Wachzustands registriert all die weltlichen Augenblicke im Leben – selbst die kleineren Ereignisse während der emotionalen, körperlichen und geistigen Entwicklung. Wenn alles normal läuft, also sich die Veränderungen unserer Gefühle, des Körpers und der Vorstellungen langsam vollziehen, bemerkt man den Zeugen kaum. Wird jedoch ein schnellerer Gang eingelegt, dann ist der Zeuge des Wachzustands sehr viel leichter wahrnehmbar.

Große Veränderungen miterleben

Shelly versucht so lange, wie ich sie kenne, und das sind etwa drei Jahre, schwanger zu werden. Sie nähert sich den Enddreißigern und macht sich Sorgen, daß sie vielleicht bald nicht mehr in der Lage sein wird, das Kind zu empfangen, nach dem sie und ihr Mann sich sehnen. Ich erinnere sie daran, daß ich meine Tochter erst mit fünfundvierzig bekommen habe, aber natürlich fühlt sich Shelly dadurch nicht getröstet. Sie möchte jetzt schwanger sein und nicht erst in acht Jahren.

Als ich sie vor ungefähr sechs Monaten wiedersah, hatte sie diesen Ausdruck im Gesicht, der sagt: »Ich habe ein Geheimnis« – große runde Augen und ein subtiles kleines Lächeln. Ich ließ ihr Zeit, damit sie den Spaß daran haben konnte, für die gute Nachricht den Zeitpunkt und die Worte selbst zu wählen – es dauerte keine dreißig Sekunden. Ich gab mir Mühe, überrascht auszusehen. »Ich freue mich so sehr für dich, Shelly!« Und so war es auch.

Letzte Woche dann lief sie mir in der Nachbarschaft in die Arme – wir wohnen ein paar Häuserblocks voneinander entfernt. Und Shellys Körper war riesig! Nicht fett – sie war früher Tänzerin gewesen und von Anfang an schlank und fit –, sondern unglaublich schwanger. Das Baby – es muß ein schönes großes sein – soll nächsten Monat kommen.

»Wie geht es dir, Shelly?«

»Wunderbar, Ganga, wir fangen langsam an, daran zu glauben, daß wir ein Baby bekommen. Aber weißt du was? Ich fühle mich kein bißchen anders – überhaupt nicht. Natürlich kann ich nicht mehr auf dem Bauch schlafen, und es fühlt sich merkwürdig an, wenn sich das Baby in mir bewegt – ein anderer Mensch in meinem Körper, wie bizarr! Aber, Ganga, ich hatte mir vorgestellt, ich würde mich anders fühlen, aber ich tue es einfach nicht. Ich bin noch immer Shelly, noch immer die gleiche. Nicht einmal in meinen Träumen bin ich schwanger – ist das nicht merkwürdig?«

Weil ihr Körper sich so sehr verändert hatte – auch wenn er sich nur vorübergehend von jenem unterschied, in dem sie bisher herumgelaufen war –, geriet Shelly in Kontakt mit ihrer Zeugin des Wachzustands. Sie war sich derjenigen bewußt geworden, die nicht der Körper ist, sondern die Beobachterin der körperlichen Veränderungen. »Ich bin noch immer Shelly«, so drückte sie es aus. Für unsere Zwecke will ich ihre Bemerkung in den folgenden Satz übersetzen: »Ich habe festgestellt, daß ich die Zeugin des Wachzustands bin.«

Und behalten Sie in Erinnerung, daß Shelly in ihren Träumen nicht schwanger war. – Ich werde darauf noch zurückkommen.

Es war die große Veränderung ihres Körpers, die Shelly die Zeugin, diejenige, die sie schon immer war, bewußtgemacht hat (PS: Heute habe ich erfahren, daß sie einen großen Sohn geboren hat).

Da der Zeuge des Wachzustands so konstant anwesend ist, fällt es schwer, sich seiner fortwährend bewußt zu sein, ähnlich wie man auch den Lärm einer stark befahrenen Straße nicht mehr hört, wenn man ihm jeden Tag ausgesetzt ist.

Doch es ist sehr wichtig, sich des Zeugen des Wachzustands bewußt zu werden und ihn zu identifizieren, denn dieser unveränderliche Zeuge ist es, der den Übergang überlebt, den man Tod nennt.

Nun folgen einige Techniken, um Sie darin zu unterstützen, sich selbst als den Zeugen des Wachzustands zu erleben. Alle sind einfach nachzuvollziehen und machen Spaß.

Er, sie oder ich

Normalerweise sind die meisten Menschen sehr vom alltäglichen Drama ihres Lebens in Beschlag genommen – vor allem heutzutage, da man der individuellen Geschichte so furchtbar viel Bedeutung beimißt. Es ist nicht ungewöhnlich, daß alles, was diese ausnehmend faszinierende Person – das Ich – tut, von einem ununterbrochenen stillen inneren Kommentar begleitet wird.

Dieser Monolog ist der Lärm im Hintergrund des Verstandes. Er kann sich auf die Vergangenheit, die Gegenwart oder die Zukunft konzentrieren. Aber das Thema dieses fortlaufenden Monologs ist immer das Ich.

Wenn Sie, wie in einer Bewußtseinsübung, das Ich durch ein Personalpronomen der dritten Person ersetzen oder durch Ihren Namen, dann wird sich alles ganz anders anhören. Passen Sie auf!

Stellen Sie sich vor, daß Sie einen guten Platz in einem erstklassigen Theater haben. Das Theaterstück ist ein erfolgreicher Kassenknüller, und Sie interessieren sich dafür, weil die Handlung auf Ihrem Leben beruht. In der Mitte der ersten Reihe sit-

91

zend, beobachten Sie den Schauspieler, der Ihre Rolle spielt und über die Bühne hastet. Ihnen fällt auf, obgleich die Handlung auf der Bühne dem sehr ähnelt, was Sie im Laufe des vergangenen Tages erlebt haben, müssen Sie doch nicht reagieren. Sie sehen nur zu.

Wenn Sie Ihre Meinung zu der Handlung abgeben, dann verwenden Sie Personalpronomina der dritten Person, um den Hauptdarsteller, den Star, zu beschreiben. Ihre Bemerkungen lauten vielleicht folgendermaßen: »Sieh nur, auf welch großes Risiko sie sich einläßt!« oder »Warum sieht er nicht, daß er das nicht tun darf?«

Urplötzlich betrifft die Geschichte eine andere Person, jemanden, der nicht ganz so wichtig ist wie »ich«. Also sind Sie losgelöst, vor allem im Vergleich dazu, wie Sie sich fühlten, als die Ereignisse stattfanden. Plötzlich sitzen Sie im Publikum und sehen sich die Heldentaten eines fesselnden Charakters auf der Bühne an.

Ihre Losgelöstheit läßt Sie die Figuren auf der Bühne bewußter wahrnehmen. Deshalb sind Sie in der Lage, auch Ihren eigenen Charakter besser zu verstehen. Aus dieser Perspektive sehen Sie plötzlich mehr Möglichkeiten, als es noch im Verlauf des Tages der Fall war. Sie haben mehr Distanz zu den eigenen Handlungen, und das erlaubt Ihnen einen größeren Überblick. Ihr strategischer Gewinn ist außerordentlich groß.

Freunden Sie sich also so bald wie möglich mit den Personalpronomina der dritten Person an. Schütteln Sie so rasch und so gründlich, wie es geht, dieses betäubende Ich ab. Es erwarten Sie interessante Ergebnisse. Machen Sie sich klar: Der losgelöste Betrachter ist niemand anderes als der Zeuge des Wachzustands. Und dieser Zeuge ist die Person, die Sie tatsächlich sind.

Selbst wenn es Ihnen möglich wäre, mir meine Ausführungen zu glauben, es würde nicht ausreichen. Sie benötigen die direkte Erfahrung, die Sie selbst machen, um tatsächlich zu begreifen, wovon ich rede. Und am leichtesten gelingt Ihnen das, indem Sie diese einfache Technik üben. Tun Sie es so oft wie möglich.

Sprechen Sie sich im stillen mit Ihrem Vornamen an, oder benutzen Sie die Personalpronomina er und sie. Die Übung sieht leicht aus, aber sie verläuft ganz sicher nicht reibungslos. Das Ich (ich bin, ich habe, ich fühle) ist nämlich sehr von sich eingenommen und sehr daran gewöhnt, der Star in Ihrer Show zu sein. Doch die Vorteile, die Ihnen aus beharrlichem Üben erwachsen, sind erheblich. Im folgenden ein Beispiel dafür, wie nützlich die Technik sein kann:

Marilyns Bericht
Marilyn hat inzwischen bereits mehrmals an meinem Kurs teilgenommen. Sie meint, es sei vor allem die Kraft dieser kleinen Technik, die sie emsig im Alltag anwendet, die sie immer wieder in den Kurs lockt. Hier ist ihre Geschichte:

Ich bin Psychologin und arbeite in der Ambulanz einer großen psychiatrischen Einrichtung. Mein Schreibtisch befindet sich in einem winzigen Zimmer an einem sehr lauten Flur. Meine Aufgabe ist es, die wirklichen Notfälle oder Personen, die durch sich selbst gefährdet sind, von denen zu trennen, deren Probleme nicht so groß sind.

Dennoch ist jede einzelne Person, mit der ich es im Laufe eines Tages zu tun habe, grundsätzlich auf irgendeine Weise in großen emotionalen Schwierigkeiten. Die Streßbelastung in meiner Arbeit ist also außerordentlich groß. Und dies wirkt sich auch in meiner Freizeit aus. Zum Beispiel werde ich wütend, wenn ich mit zu vielen anderen Menschen in der U-Bahn eingepfercht bin, und das heißt praktisch, daß ich auf dem Weg vom und zum Arbeitsplatz immer wütend bin. Ich brauche länger als einen Abend oder ein Wochenende, um mich wieder zu beruhigen.

In den ersten paar Tagen, als ich damit experimentierte, mich selbst mit meinem Vornamen anzusprechen, habe ich keine großen Änderungen bemerkt. Ich fühlte mich nur ein wenig merkwürdig. Dann fing ich an (und hier muß sie lachen), dann fing Marilyn an, nicht mehr jede kleine Auseinanderset-

zung ganz so ernst zu nehmen. Sie hatte nicht mehr das Bedürfnis, den Menschen in der U-Bahn in die Seite zu puffen – und sie begann, über einige der extremeren Situationen im Lauf des Tages sogar zu lachen. Meine – ihre Freunde wollen sogar wissen, ob sie high sei. Ich – Marilyn fühlt sich so viel besser!

Was macht diese einfache Übung so wirkungsvoll? Für die meisten Menschen sind diese Gefühle, denen sie im Lauf eines Tages ausgesetzt sind, sehr zwingend. Mit anderen Worten, man nimmt sie *ernst.* Man wird fortgerissen von diesen extremen flüchtigen Stimmungen, Gefühlen – ich bin wütend, ich fühle mich entsetzlich, ich freue mich wahnsinnig, bin deprimiert, verliebt.

Ist es jedoch möglich, auch nur ein wenig Distanz zu diesem turbulenten emotionalen Gewitter aufzubauen, dann stellt man fest, daß es lediglich die Gefühle sind, die sich ewig und andauernd verändern, endlos aufsteigen und zurückweichen, sich zusammenballen wie Wolken am Himmel vor dem Fenster.

Was aber verändert sich nicht? Derjenige, der sich dieser Gefühlswolken bewußt ist, verändert sich nicht, ebenso wie sich auch der Himmel, über den die Wolken ziehen, nicht verändert.

Indem man das ewig Aufmerksamkeit heischende Ich durch ein Pronomen der dritten Person oder durch den eigenen Vornamen ersetzt, erzeugt man diese entscheidende Distanz zu jeglichem emotionalen Wetterleuchten.

Sie werden nie etwas über die Wirksamkeit dieser Übung erfahren, wenn Sie sie nicht selbst ausprobieren. Sie führt Sie direkt zu der Erfahrung, die es Ihnen ermöglicht, sich selbst als den Zeugen des Wachzustands wahrzunehmen. Probieren Sie es aus! Nicht nur einmal – mehrmals, einige Wochen lang. Die Resultate werden Sie überzeugen.

Nun zu einer zweiten Technik, mit der Sie die Wirksamkeit der ersten unterstützen können.

Es gibt noch eine andere Möglichkeit, einen Blick auf denjenigen zu werfen, der alles beobachtet. Dabei handelt es sich um eine Übung, die ihre Wirkung in den seltenen Augenblicken, in denen Sie gerade keine Handlungskette im Kopf haben, am besten entfaltet. Diese Technik eignet sich, wenn man allein ist, einen Spaziergang am Strand oder im Wald macht, für die frühen Morgenstunden oder für eine ruhige Zeit.

Machen Sie sich die Tatsache bewußt, daß Sie keine konkreten Erfahrungen mit Ihrem Körper oberhalb der Schultern haben. Sie können Ihren Kopf auf die Brust drücken und Ihre Brust sowie alles darunter betrachten. Drehen Sie Ihren Kopf, so kommen Schulter und Arm in Ihr Blickfeld. Aber ohne einen Spiegel bleibt Ihr Kopf und Hals für Sie unsichtbar. Sie können nicht einmal sicher sein, ob Ihr Kopf oder Hals überhaupt da sind, es sei denn, Sie haben Kopfschmerzen oder Ihre Nase ist zu.

Wenn Sie nun allein spazierengehen, stellen Sie sich vor, die körperliche Begrenzung Ihres Kopfes sei verschwunden. Lassen Sie Ihr Bewußtsein so weit hinausfließen, wie Ihnen dies möglich ist. Weit entfernte Geräusche werden Ihnen zu Gehör kommen. Ihr Gesichtsfeld wird im Vordergrund ein wenig verschwimmen, aber sich dafür an den äußeren Rändern sehr stark ausdehnen. (Bitte gehen Sie in diesem Zustand nicht über die Straße, und fahren Sie nicht Auto!)

Sie haben Ihre zur Routine gewordene Vorstellung von der Begrenzung Ihres Körpers durchbrochen. Spielen Sie mit dieser Erfahrung. Stellen Sie sich vor, daß Sie nur Ihr Bewußtsein sind, und lassen Sie Ihren Körper außer acht. Stellen Sie sich vor, daß Sie alles enthalten, dessen Sie sich bewußt sind. Alles ist ein Teil dessen, was Sie sind. Und dies trifft sogar wirklich zu.

Meditation

Vielleicht hat Ihnen schon einmal ein wohlmeinender Freund geraten, es doch mit Meditation zu versuchen. Wenn Sie mir auch nur ein bißchen ähneln, dann war diese Aufforderung wahrscheinlich schon genug, um Sie ganz sicher davon abzuhalten. Etwas, das Ihnen vielleicht guttun könnte, wird wahrscheinlich nicht allzu viel Spaß machen, und außerdem ist es sicherlich schwer zu erlernen und dazu noch langweilig.

Falsch. Und noch einmal falsch. Meditation ist leicht, so natürlich wie Atmen oder Schlafen, und verspricht, interessanter zu sein und mehr Spaß zu machen als der durchschnittliche Kinofilm. Darüber hinaus erweist sie sich als eine weitere Möglichkeit, sich selbst als den Überlebenden, den Betrachter, den Zeugen des Wachzustands zu erfahren.

Es gibt noch einen weiteren Grund, warum es lohnenswert ist, sich mit der Meditation anzufreunden, wie Sie aus Mary Ellens Geschichte ersehen werden.

Nur zwei Dinge, die ich bedaure
Mary Ellen war eine der ersten Teilnehmerinnen meines Kurses, und die Erinnerung an sie ist mir ebenso lieb, wie sie es mir vor sechs Jahren war. Sie hatte ein offenes, freundliches irisches Gesicht, welliges, weißes Haar und ein offenherziges Lachen. Eine Krebserkrankung hatte von ihrem Körper Besitz ergriffen. Sechs Monate, bevor wir uns zum ersten Mal begegneten, hatte sie ihre Chemotherapie abgebrochen, doch sorgte sie für eine gründliche Schmerztherapie.

Ihre Ärzte hatten ihr mitgeteilt, daß sie vielleicht noch drei bis sechs Monate zu leben habe, und Mary Ellen kam mit diesem Wissen gut zurecht. Sie hatte ihre einundsechzig Jahre voll ausgelebt und das vollendet, was sie als ihre Lebensaufgabe begriff: das Großziehen dreier wunderbarer Kinder.

Im weiteren Verlauf ihrer Krankheit beeinträchtigte der Tumor ihren Verdauungsapparat so sehr, daß Mary Ellen für drei Monate ins Krankenhaus mußte, um sich dort intravenös ernähren zu lassen.

Das war eine interessante Situation – diese Worte wählte sie. Und das war es wirklich, denn sie sah ungeheuer gesund aus, hatte keine größeren Beschwerden und befand sich in einer Art wohltuenden Haltestellung, darauf wartend, daß der Krebs den nächsten Zug machen würde. Sie hatte keinerlei Angst vor dem Tod.

Bei einem meiner Besuche fragte ich sie, ob sie irgendwelche Botschaften oder Lehren habe, die ich den anderen Kursteilnehmern, die sich in dieser Zeit wöchentlich trafen, übermitteln könnte. »O ja«, sagte sie, »ganz bestimmt.«

Da sie ein so gutes Leben geführt und so viele von ihren Zielen erreicht hatte, bedauerte Mary Ellen nur zwei Dinge:

1. *daß sie jemals an einem Häagen-Dasz-Laden vorbeigegangen war, ohne sich das Eis zu kaufen, das sie wollte, und*
2. *daß sie nicht regelmäßig meditiert hatte.*

Weil sie es nicht gelernt hatte zu meditieren, war sie nun in einem winzigen Krankenhauszimmer eingesperrt, mit einem kleinen Schwarzweißfernseher als einziger Ablenkung von der Gleichförmigkeit ihrer Tage – und Eis gab es hier für sie ebenfalls nicht.

Es ist sehr vernünftig, eine Meditationspraxis als eine Art Versicherung zu entwickeln, falls man einmal wie Mary Ellen in einem Körper festsitzt, der selbst in einem Zimmer eingesperrt ist. Außerdem ist Meditation, zusätzlich zu den beiden anderen Techniken, die ich bereits erläutert habe, eine Methode, um auf direkte Weise Ihr vertrautes Alltagsselbst als den Zeugen des Wachzustands zu erleben.

Leichte Meditation

Setzen Sie sich, also Ihren Körper, bequem hin. Der frühe Morgen ist der klassische Zeitpunkt für die Meditation, weil es dann noch leichter fällt, den Verstand ruhigzustellen, bevor er sich bereits mit den Dingen des Alltags auseinandersetzt. Außerdem sind jene Stunden kurz vor und kurz nach Sonnenaufgang besonders köstlich – magisch und still. Aber nicht immer ist es möglich, so früh aufzustehen.

Ich habe festgestellt, daß ich häufiger zum Meditieren

komme, wenn ich mit der Wahl des Zeitpunkts flexibel umgehe, als wenn ich mich zur Morgenmeditation zwinge. Halten Sie es so, wie es für Sie am besten funktioniert.

Wenn Sie es bequem finden, die Beine unterzuschlagen, ist das in Ordnung. Tun sie dann jedoch weh und der Schmerz lenkt Sie ab, ist es besser, Sie stellen Ihre Füße vor sich auf die Erde. Ihr Rücken sollte gestützt sein, damit die Sitzhaltung Sie nicht anstrengt. Vielleicht hilft Ihnen die Vorstellung, daß Sie Ihren Körper möglichst ebenso sicher wie Ihr Auto auf einem dafür vorgesehenen Platz parken sollen. Auf diese Weise können Sie ihn sozusagen abschließen und ihn ohne Sorge zurücklassen.

Für mich fühlt es sich angenehm und tröstlich an, wenn ich ein großes, weiches Kissen an meinen Bauch lege. Körperliche Verletzbarkeit scheint bei mir in diesem Bereich angesiedelt zu sein, und wenn ich ihn bedecke, dann kann ich leichter loslassen.

Das Telefon sollten Sie ausstecken oder unter einem Kissen verschwinden lassen. Sie werden sich dann freier fühlen, denn schließlich wollen Sie ja nicht zurückgerissen werden, bevor Sie dazu bereit sind. Wenn ich vor dem Meditieren hungrig bin, esse ich höchstens etwas Leichtes, eine Scheibe Toast, etwas Joghurt oder vielleicht Früchte. Ein leerer Bauch ist jedoch am besten, weil man damit nicht so leicht schläfrig wird. Auf die Tasse Kaffee oder Tee sollten Sie vor der Meditation ebenfalls verzichten, denn Sie wollen ja zur Ruhe kommen und nicht unter Volldampf stehen.

Ihre Kleidung darf Sie nicht über dem Bauch drücken. Ihr Bauch sollte entspannt und wie Ihr ganzer Körper locker sein. Ich trage in der Regel eine Jogginghose und ein T-Shirt, ziehe mir eine weiche Mütze aus Mohair über die Augen und lege mir eine Decke über die Schultern. Ich verpacke also meinen Körper in einen kuscheligen kleinen Kokon, in dem er warm und vor Zugluft geschützt steckt. Weil er keinen Grund hat, sich zu beschweren, kann ich abheben. Und das tue ich.

In der Meditation ist es das Ziel, denjenigen, der unseren Wachzustand beobachtet, direkt zu erleben. Und das gelingt gut! Gleich am Anfang wird Ihr Verstand im Zimmer umher-

98

rennen, wie ein kleiner Welpe oder ein zweijähriges Kind, während Ihr Körper sich recht wohl und still fühlt und Ihre Gefühle ruhig sind. Seien Sie auch *nicht im geringsten* darüber enttäuscht. Ihre *bewußte* Einsicht, daß Ihr Verstand einer fleißigen kleinen Biene ähnelt, ist genau das, was Sie suchen. Diese Bewußtheit *ist* Meditation.

Gleich danach werden Sie jedoch merken, welch ein fordernder und ermüdender Begleiter der fleißige Verstand ist. Die unterschiedlichen Sorgen, die Ihnen Ihr Verstand ohne Unterlaß anbietet, sind einnehmend, das ist wahr, und sehr verlockend. Recht bald haben Sie Ihren Eisenbahnerwagen an den nächsten Gedankenzug gehängt, der vorbeirast.

Es wird Ihnen einfallen, daß Sie eine Einkaufsliste schreiben, dringend einen Anruf tätigen müssen, daß ein Mensch, den Sie lieben, Ihre Fürsorge braucht, der Abwasch in der Küche zu bewältigen und vielleicht ein Buch jetzt gleich in die Bibliothek zurückzubringen ist.

In dieser Situation müssen Sie jedoch einfach weiter beobachten, was Ihrem Verstand so alles einfällt. Ärgern Sie sich nicht, sondern lächeln Sie darüber. Machen Sie sich Ihren Impuls bewußt, jedem neuen Gedanken zu folgen. Stellen Sie sich vor, wie ein hyperaktiver Welpe jedem einzelnen Waggon nachläuft und jeden mit dem gleichen ernsthaften Enthusiasmus anbellt. So in etwa verfolgen wir unsere Gedanken: Wir rennen jedem einzelnen so lange hinterher, bis wir ihn aus den Augen verlieren. Kann man dagegen etwas tun?

Da Sie und ich lediglich das Ziel verfolgen, den Zeugen des Wachzustands kennenzulernen, haben wir uns einen großen Vorsprung gegeben, indem wir den Körper sicher geparkt haben. Im folgenden lesen Sie, woher das kommt.

Im Zirkus
Der Wachzustand hat viel Ähnlichkeit mit einem Zirkus: In der Mitte paradieren die Gedanken im Kreis, rechts von der Mitte nehmen die Gefühle ihren Platz ein und geben sich ihrem endlos komplizierten Tanz hin, und links keucht und schnauft der

Körper, immer darauf achtend, daß seine endlosen Bedürfnisse erfüllt werden.

Es ist anstrengend, diese drei Handlungsebenen gleichzeitig bewußt wahrzunehmen, ebenso wie es im Zirkus schwierig ist, drei Manegen gleichzeitig im Blick zu behalten. In dem Augenblick, da Sie sich entscheiden, sich den Akrobaten in der Mitte zuzuwenden, vollbringt ein Rudel abgerichteter Hunde in einem der Nebenringe erstaunliche Kunststücke auf einem Pferderücken. Ihre Aufmerksamkeit wird von den Hunden angezogen, dann wieder von den Akrobaten in der Mitte und schließlich auch vom zweiten Seitenring. Würde man behaupten, Ihre Aufmerksamkeit sei abgelenkt, wäre das, gelinde gesagt, eine Untertreibung.

Setzt man sich jedoch nieder, um zu meditieren, dann erlöschen die Scheinwerfer, die sich bisher auf die beiden Nebenschauplätze Gefühle und Körper gerichtet haben. Dennoch sind die Seitenringe niemals ganz leer: Bühnenhilfskräfte räumen die Requisiten auf und bereiten den nächsten Auftritt vor. Da die beiden Bereiche jedoch dunkel und die Ereignisse dort auch nicht so interessant sind, fällt es sehr viel leichter, sich von den Geschehnissen in der Mitte der Arena gefangennehmen zu lassen.

In der Mitte ist die Bühne des Verstandes. Sobald man seine Aufmerksamkeit nur darauf richtet, stellt man fest, daß jeder Gedanke verfolgt wird. Natürlich handelt es sich dabei ausschließlich um die Sorgen des Meditierenden, die ihm in seiner persönlichen Sprache, in seiner Begrifflichkeit und mit seiner eigenen Stimme präsentiert werden. Bestimmt müssen Sie irgendeine Bedeutung haben, nicht wahr? Und sicherlich muß man irgend etwas mit ihnen tun, oder? Nein. Stimmt nicht. Nicht jetzt gleich.

Auf dem Karussell
In New York, im Central Park, gibt es ein wunderschönes Karussell. Es ist einfach vollkommen. Die Musik spielt laut und lebhaft, die Fahrt hat die richtige Länge, die Pferde sind groß und stolz genug und der Preis stimmt auch.

Die Kontrollinstrumente befinden sich in der Mitte, der große Hebel, der das Karussell in Bewegung setzt und anhält, auch die Musikanlage hat dort ihren Platz und der Mann, der das Karussell betreibt. Schauen Sie ihm einmal zu, wie er das Gefährt in Bewegung setzt, auf das Karussell springt, herumgeht, um die Fahrscheine einzusammeln, und dann gewandt wieder herunterspringt. Beobachten Sie ihn dabei, wie er seine Glocke zweimal anschlägt, wie er es bereits zu Beginn der Fahrt getan hat, diesmal aber, um sie zu beenden, wie er den Hebel zieht, der alles wieder zum Stillstand bringt.

Die fröhlichen Leute, die sich Fahrscheine gekauft haben, auf die Pferde geklettert und auf ihnen geritten sind, wollen sich amüsieren. Aber der Betreiber des Karussells arbeitet (ja, vielleicht hat er ebenfalls Spaß daran). Arbeiten heißt, er fährt nicht mit dem Karussell eine Runde nach der anderen, und er klettert auch nicht auf die Pferde hinauf und wieder herunter. Er springt auf das Gefährt auf und wieder herunter, um seine Arbeit zu tun.

Das ist die ideale Beziehung zwischen dem Zeugen des Wachzustands und dem Verstand. Der Zeuge beobachtet den Verstand mit all seinen erfinderischen Einfällen Runde um Runde. Der Betreiber des Karussells (also der Zeuge) springt auf, wenn es für ihn etwas zu tun gibt, erfüllt seine Aufgabe effizient und springt dann wieder ab. Ein erfahrener Meditierender beschrieb den Vorgang mit den Worten: »Mein Verstand arbeitet nur, wenn ich es ihm befehle.« Stellen Sie sich die Freiheit vor, die damit verbunden sein muß.

Erinnern Sie sich, ich will Ihnen zu einer Erfahrung verhelfen, in der Sie sich als Zeuge erleben. Interessieren Sie sich jetzt nicht für die tatsächliche Handlung in der vorhin erwähnten Zirkusarena oder auf dem Karussell. Stellen Sie einfach nur fest, daß die Gedanken sich fortwährend im Kreis bewegen und daß die Gefühle aufsteigen und wieder absinken, das ist alles.

Zurück zum Betreiber des Karussells. Vielleicht ist er noch Anfänger und vergißt von Zeit zu Zeit seine Pflichten. Er springt auf ein Pferd, läßt sich Runde um Runde hoch und run-

101

ter tragen. Plötzlich wird ihm seine doch recht eigenartige Situation bewußt, und er steigt ziemlich verlegen ab, sammelt die restlichen Fahrscheine ein, kehrt in die Karussellmitte zurück und setzt sich auf seinen Platz. Und beobachtet.

Wie ist es dem Betreiber gelungen, wieder in seine Rolle als Arbeiter zurückzufinden? Er hat sich selbst daran erinnert: *Ich arbeite.* Wenn Ihr Körper auf dem Sofa geparkt ist und Sie sich auf ein wenig Frieden freuen, jedoch feststellen müssen, daß Ihre Aufmerksamkeit Runde um Runde zurücklegt, mit dem lebhaften Verstand hinauf und hinunter schwingt, können Sie sich auf die gleiche Weise daran erinnern: *Ich beobachte.*

Am besten funktioniert es, indem Sie die ganze Zeit eine Gedankenstütze nebenher laufen lassen. Das wiederum gelingt am besten, wenn man die Gedankenstütze an etwas festmacht, was ebenfalls die ganze Zeit läuft: Ihr Atem.

So, nun sitzen Sie also auf Ihrem Sofa, atmen ein und aus. Bei jedem Einatmen hören Sie ein geflüstertes *Ich*, das wie ein fester Bestandteil des Atems ist. Bei jedem Ausatmen nehmen Sie ein *Beobachte!* wahr. *Ich – beobachte.* Oder: *Ich bin – der Beobachter.* Und noch einfacher: *Ich bin.*

Nun ist das angestrebte Ziel erreicht. *Ich bin derjenige, der beobachtet. Ich bin der Beobachter. Ich bin der Zeuge all dieser Gedanken. Ich bin der Zeuge des Wachzustands.*

Gegen den unerschütterlichen Hintergrund des *Ich bin der Beobachter* wird die Wahrnehmung viel leichter, daß ein Gedankenzug soeben durch den Bahnhof fährt. Wenn Sie Ihre Chancen verbessern wollen, sich an *gar keinem* Gedankenzug festzuhalten, sondern statt dessen der entspannte, bewegungslose Zeuge zu bleiben, dann sollten Sie das Folgende versuchen.

Da der Gedankenzug aus Wörtern besteht, hängt man sich leicht hinten an, weil man eigene Wörter mit den Sätzen, Bestimmungen oder Phrasen assoziiert, die in ihm vorbeirauschen. Angenommen, Sie wiederholen beim Einatmen still *Ich bin* und beim Ausatmen *der Beobachter.* Nun kommt Ihnen aber bei dem Wort *Beobachter* der Spionagethriller in den Sinn, den Sie am Vorabend gesehen haben und in dem der Held der

102

Beobachter einer schönen Spionin war, und beim nächsten *Ich bin* fällt Ihnen ein, daß Sie diese kleine Übung langweilt. Die Wörter *Ich bin der Beobachter* sind alle in deutscher Sprache, sie machen es Ihnen daher so leicht, Ihre Wachsamkeit aufzugeben und den schönen, leichten, allgemeinverständlichen deutschen Wörtern zu folgen.

Das aber ist gar nicht das eigentliche Problem. Die Beobachtung, daß man aus der Mitte gezogen wird, ist gleichermaßen wertvoll, wie jene, daß man in der Mitte bleibt. Schließlich sind Sie ja nur an dem Akt des Beobachtens interessiert und nicht an den Beobachtungen selbst. Das tatsächliche Problem liegt darin, daß man es oft nicht einmal merkt, daß man aus der Mitte gezogen wird. Eine kurze deutsche Wörterkette reicht aus, um von dem Eigentlichen abzulenken.

Doch dieses Hindernis können Sie umschiffen, indem Sie Ihren Satz *Ich bin der Beobachter* in einer anderen Sprache sagen – ich werde Ihnen gleich eine vorschlagen. Dann haben Sie gewonnen, denn Sie werden es sicherlich bemerken, wenn Sie Ihre Konzentration verlieren, und Sie sind nicht versucht, auf jeden vorbeifahrenden Gedankenzug aufzuspringen, weil Wörter, die Sie nicht verstehen, auch keine Assoziationen in Ihnen wecken können.

Auf Sanskrit, eine geeignete alte und heilige Sprache, heißt *Ich bin* beim Einatmen *Ham* und beim Ausatmen *Sa*. Ham Sa – Ich bin. Keine Erinnerung an vertraute deutsche Wörter wird Sie nun beeinträchtigen. Sie sind sozusagen in einen kleinen Provinzbahnhof umgezogen, an dessen Bahnsteigen die schnellen Inter-City-Züge nicht anhalten. Und Sie sitzen dort, ruhig, zufrieden, atmen und beobachten, wie der Zug aus Wörtern–Wörtern–Wörtern–Wörtern–Wörtern an Ihnen vorbeirollt.

Übrigens, Meditation vermag Ihnen inneren Frieden und das starke Gefühl zu geben, daß Sie so, wie Sie sind, in Ordnung sind. Das ist auch etwas, was todesnäheerfahrene Menschen berichten, daß sie sich so geliebt fühlen, wie sie sind. Es scheint, als sei der Zeuge nicht derjenige, der meint, daß man erst nach einigen kleinen, minimalen Veränderungen oder einer umfassenden Generalinspektion in Ordnung ist. Der Zeuge des Wachzustands weiß, daß das Leben wie eine Party nach dem Motto läuft: »Komm, wie du bist.« Sie sind so in Ordnung, wie Sie jetzt sind.

Der Traum- und der Tiefschlafzeuge

Was gibt es zu einem großen Lebensabschnitt zu sagen, den der Mensch sozusagen verschläft? Was tut der Zeuge des Wachzustands, wenn man schläft? Schläft er auch? Wir werden sehen.

Der Nachtwächter

Angenommen, Sie würden einen Nachtwächter beschäftigen, damit er ein Auge auf Ihr Ferienhaus hält. Und angenommen, Ihnen käme ein Gerücht zu Ohren, diese Nachtwächter würden nichts anderes tun als schlafen – auch der Ihre. Nun, dann würden Sie den Nachtwächter zu sich rufen und ihn auffordern, einen Beweis dafür zu erbringen, daß er nicht geschlafen hat.

»Gut, gut«, sagt er. »Ich habe gleich nach Mitternacht beobachtet, wie diese Jugendlichen in den Windfang einbrechen wollten, und habe sie davongejagt. Und ich habe die Feuerwehr um Viertel nach fünf vorbeifahren hören. Hat die ganze Nachbarschaft aufgeweckt. Und da war eine lange Phase zwischen der Sache mit den Jugendlichen und der Feuerwehr, in der gar nichts passiert ist.«

Dieser kleine Bericht ähnelt jenem, den jeder Mensch, der geschlafen hat, erhält, den man aber in den ersten paar Sekunden nach dem Aufwachen kaum zur Kenntnis nimmt. Er hört sich in stark gekürzter Form etwa so an: *geträumt – nicht geträumt.* Diejenigen, die es gewohnt sind, dem Bericht Aufmerksamkeit zu schenken, erhalten möglicherweise eine ausführlichere Version folgenden Inhalts: *Sehr interessanter Traum – beängstigend – aufregend – merkwürdig – frage mich, was das alles zu bedeuten hat – vielleicht sollte ich diesen aufschreiben …*

Oder aber der Bericht hört sich so an: *Wie tief ich geschlafen habe – weil ich so spät ins Bett gegangen bin – keine Träume – nichts – den Schlaf habe ich wirklich nötig gehabt ...*

Oder sehr typisch: *Geschlafen wie ein Fels – nur dieser eine unzusammenhängende, merkwürdige Traum, als der Wecker läutete ...*

Diese Berichte gibt Ihnen Ihr eigener Nachtwächter. Und dieser kann nicht geschlafen haben, denn sonst könnte er Ihnen keine Details über den Inhalt Ihrer Träume zur Kenntnis bringen oder sogar, daß Sie überhaupt geträumt haben oder – das ist faszinierend – daß Sie *nicht* geträumt haben.

Nicht geträumt heißt: »Es war nichts los.« Aber diese Information kann Ihnen nur von jemandem überbracht werden, der wach geblieben ist, um zu *sehen*, daß nichts los war.

Denjenigen, der wach bleibt und am Morgen darüber berichtet, was sich in der Nacht ereignet hat, nenne ich den Traum- und den Tiefschlafzeugen – und dieser Zeuge, der wach ist und die ganze Nacht lang aufpaßt, das *ist die Person, die Sie sind.*

Der Bildschirm ist leer

Das folgende Beispiel hilft Ihnen sicher noch besser, denjenigen, der die ganze Nacht lang aufpaßt, leichter zu erkennen.

In unserem Kursraum befinden sich ein großer Bildschirm und ein Videorecorder. Von Zeit zu Zeit zeige ich ein Video, um den Kurs ein wenig aufzulockern und um die eine oder andere wichtige Vorstellung zu illustrieren.

Wenn wir über den Traum- und den Tiefschlafzeugen sprechen, weise ich immer auf den leeren Bildschirm hin. Der Fernseher ist abgestellt. Dann erinnere ich die Kursteilnehmer an das Treffen vor einer Woche, bei dem wir ein Video angesehen hatten. »Kann jeder sehen, daß der Bildschirm jetzt dunkel ist, daß nichts darauf zu sehen ist? Gut. Aber ihr müßt wach sein, um das zu wissen, nicht wahr? Wenn ihr an euren Tischen schliefet, könntet ihr mir nicht sagen, was mit dem Fernseher los war, oder?«

Um also erfahren zu können, daß es in der Nacht während Ihres Schlafes eine Periode gab, in der Sie nicht geträumt haben, müßte es jemanden geben, der wach geblieben ist. Und selbst wenn Sie sich darüber im klaren sind, daß Sie geträumt haben, ob Sie sich nun an die Einzelheiten des Traums erinnern oder nicht, müssen Sie wach gewesen sein, um diese Beobachtung gemacht haben zu können.

Morgen früh, gleich nachdem Sie aufwachen, achten Sie darauf, daß Sie dieses kleine Informationspaket bekommen: *geträumt – nicht geträumt*. Derjenige, der Ihnen diesen Routinebericht übergibt, ist niemand anderes als Sie selbst, der Sie als Ihr eigener Nachtwächter fungieren läßt, der die ganze Nacht wach und auf dem Posten ist. Es ist der Traum- und Tiefschlafzeuge. Ohne Zweifel haben Sie bereits durchschaut, daß er mit dem Zeugen des Wachzustands identisch ist. Sie haben vollkommen recht.

Drei vollkommene Perlen auf einer Seidenschnur
Die folgende Abbildung soll Ihnen dabei helfen, sich den ewig wachen Zeugen vorzustellen, der im Verlauf alle drei Zustände anwesend und bei der Arbeit ist.

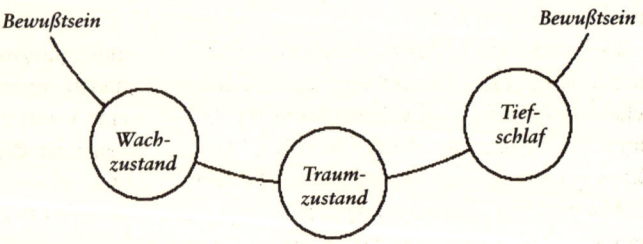

Stellen Sie sich dies wie eine Kette mit drei vollkommenen Perlen vor. Die Schnur, die durch alle drei Perlen hindurchläuft, ist Ihr Bewußtsein, der Aufpasser über alle drei Zustände. Und dieses Bewußtsein, der Beobachter, der Zeuge, das ist *es, was und wer Sie sind.*

Der Bericht des Nachtwächters beweist die Existenz des Traum- und Tiefschlafzeugen, aber erst, nachdem schon alles vorbei ist, also am Morgen, und wenn der Schläfer sich bereits wieder im Wachzustand befindet.

Gibt es eine Möglichkeit, den Traumzeugen direkt, während des Traums zu erleben, damit man mit ihm ebenso vertraut werden kann wie mit dem Zeugen des Wachzustands? Die gibt es.

Versuchen Sie die folgende Technik. Wie bei allem, was wertvoll ist, bedarf es auch hier ein wenig Übung. Aber Sie schlafen und träumen ja ohnehin jede Nacht, Sie haben also reichlich Gelegenheit, um die Methode auszuprobieren. Und wenn Sie erst einmal einen Zugang zu der Sache gefunden haben, werden Sie schnell von ihr fasziniert sein, denn es gilt ein vollkommen neues Universum zu erforschen.

Luzides Träumen

Ziel ist es, während des Traums festzustellen, daß man träumt, oder während man einen Traum beobachtet zu wissen, daß man träumt. Es gibt einen eigenen Begriff für diesen Zustand, in dem man »wach« ist, während man träumt, man nennt ihn luzides Träumen.

Der Trick besteht darin zu begreifen, daß sich Traumereignisse in der Regel grundlegend von realen Alltagsereignissen unterscheiden. Zum Beispiel würden Sie in der Realität keine Verabredung mit Helmut Kohl oder Marilyn Monroe haben oder der Bundespräsident sein. Deshalb fragen Sie sich: »*Träume* ich?«

Machen Sie sich klar, allein daß Sie sich diese Frage überhaupt stellen, macht Sie darauf aufmerksam, daß Sie *tatsächlich* träumen, denn im Wachzustand fragen Sie sich im allgemeinen nicht, ob Sie träumen. Gehen Sie also davon aus, wenn irgend etwas Sie ernsthaft dazu bewegt, sich zu fragen, ob Sie träumen, dann träumen Sie auch.

Ausgezeichnete Vorschläge zu luzidem Träumen, wie man während des Träumens aufwacht und den Traumzustand tiefer erforschen kann, geben Werner Zurfluh in »*Quellen der Nacht – Luzides Träumen und Reisen außerhalb des Körpers*« und Strephon Kaplan-Williams in »*Traum-Arbeit – Der Schlüssel zum Unterbewußtsein.*«

Hedleys luzider Traum
An einem Samstagmorgen, wie immer hatten wir lange geschlafen, kam Hedley in mein Zimmer, um mir von einer neuen Erfahrung zu berichten. Dies war ihr Bericht:

Ich habe in Tante Elsas Haus, in dem Zimmer, das ich dort habe, geschlafen, und Cookie (unser lebhafter, kleiner Hund) hat dort auf den Teppich gemacht. (Wenn so etwas bei uns zu Hause passiert, ist es nicht weiter schlimm, aber wir wollen natürlich nicht, daß es bei Tante Elsa geschieht. Bei uns schläft Cookie in der Küche, mit ihrem Wasser und ihrem Fressen.)

Ich habe mich so sehr darüber aufgeregt, daß ich aufgewacht bin. Dann stellte ich fest, daß ich mich noch immer in Tante Elsas Haus befand und nicht zu Hause. Also wußte ich, daß ich noch immer träumte. Also weckte ich mich wirklich auf, und ich erwachte zu Hause in meinem Bett. Diese Cookie, sie hat tatsächlich *auf den Teppich gemacht. Wirst du dich bitte darum kümmern, Mami?*

Sie haben es sicherlich bemerkt, es war die Überprüfung der Realität – daß ich mich noch immer in Tante Elsas Haus befand und nicht zu Hause –, die Hedley zu der Erkenntnis führte, daß sie sich in einem Traum befand. Wenn sich der Zeuge des Traumzustands seiner selbst bewußt wird, dann wird damit ein Unterschied zwischen der Hauptfigur in dem Traum und demjenigen, der beobachtet, wie der Traum vorüberzieht, entdeckt. Das ist sehr nützlich und angenehm. Genau das gleiche geschieht, wenn Sie den Zeugen des Wachzustands zum Einsatz bringen. Sie ziehen sich aus der Position desjenigen, dem alles zustößt, gerade so weit zurück, daß Sie bequem beobachten können, was alles geschieht.

Selbst ein gelegentlicher luzider Traum wird das offenbaren, wonach wir in unserer Untersuchung von Tod und Überleben auf der Suche sind: Der Traum- und Tiefschlafzeuge ist in allen Jahren unseres Lebens identisch mit dem Zeugen des Wachzustands. Und dieser Zeuge, der Überlebende, derjenige, der durch den Tod segelt und am anderen Ende wieder herauskommt, ist es, *der Sie wirklich sind.*

Haben Sie das verstanden?

Empfehlenswerte Bücher und Filme:
- Werner Zurfluh, *Quellen der Nacht – Luzides Träumen und Reisen außerhalb des Körpers*
- Strephon Kaplan-Williams, *Traum-Arbeit – Der Schlüssel zum Unterbewußtsein*
- Lewis Carroll, *Alice im Wunderland*
- Lewis Carroll, *Alice im Spiegelland*

- *Und täglich grüßt das Murmeltier* (1992) – Bill Murray, Andie McDowell
- *My Life* (1993) – Michael Keaton, Nicole Kidman

7

Was aber stirbt?
Und wie stirbt es?
Und: Muß Sterben weh tun?

Wenn Sie bisher noch nicht davon überzeugt sind, daß Sie nicht auf Ihren Körper beschränkt sind und daß Sie nicht mit ihm sterben werden, dann möchte ich Sie bitten, das folgende Kapitel so zu lesen, »als ob« Sie es wären. Und werden Sie bitte nicht ungeduldig mit sich selbst. Wenn Sie es wirklich wollen, können Sie es erreichen. Halten Sie aus.

Denken Sie daran, ich habe elf Jahre intensiver Trauer nach dem Tod meiner Mutter und neunzehn weitere Jahre intensiven Lesens und Nachdenkens über den Tod benötigt, um diese unendlich vielen Informationen zu einem stimmigen Bild zusammenzufügen. Einer der frühen Kursteilnehmer, ein sehr intelligenter Mann namens Donald, hatte sein Aha-Erlebnis, nachdem er den Kurs im Lauf eines Jahres wieder und wieder besucht hatte. Sie dürfen nicht vergessen, ich versuche hier mit Ihnen eine sehr tief verwurzelte falsche Vorstellung (die falsche Vorstellung von der Auslöschung) zu beheben, und das kann schon eine Weile dauern. Bis es soweit ist, lassen Sie uns einfach fortfahren.

Was stirbt?

Nur der Körper stirbt. Die meisten Menschen haben eine vorrangige Sorge, wenn sie über den Augenblick nachdenken, der sie von ihrem Körper trennen wird. Sie fragen sich: Wird es weh tun? Und wenn ja, wird der Schmerz dann größer sein, als ich es ertragen kann?

111

Wenden wir uns also dem mit dem Tod assoziierten Schmerz zu. Es gibt nur drei mögliche Wege, auf denen der Tod zum Körper kommen kann:

1. *plötzlich,*
2. *allmählich durch Ersticken in einem kurzen Zeitraum* oder
3. *langsam, über viele Tage, Wochen und Monate.*

Im folgenden will ich Ihnen jede dieser drei Möglichkeiten im einzelnen vorstellen.

Der plötzliche Tod

Der augenblickliche Tod ist von Natur aus schmerzlos, da die Fähigkeit des Körpers, mit Schmerz zu reagieren, im gleichen Moment ausgelöscht wird. Jeder, der schon einmal in Ohnmacht gefallen oder das Bewußtsein verloren hat, weiß, daß kein Schmerz im Spiel war. Der plötzliche Tod ist also nichts, wovor man sich, vom Standpunkt des Schmerzes aus gesehen, fürchten muß. Wird er weh tun? Nein, das ist unmöglich.

Plötzlicher Tod ist das Resultat einer plötzlichen schweren Verletzung, wie bei einem Autounfall, bei einer Messerstecherei oder einem Schußwechsel. Manchmal dauert es ein paar Minuten, bis er kommt, immer aber wird er durch die automatische Ausschüttung von natürlichen Schmerzmitteln in den Blutkreislauf – die sogenannten Endorphine – bedeutend gelindert. Sherwin Nuland erläutert dieses Phänomen ganz ausgezeichnet in seinem Buch »*Wie wir sterben: Ein Ende in Würde?*« sowohl anhand von persönlichen Erfahrungen als auch mittels Beispielen aus seiner Praxis.

Das Kapitel, in dem Nuland sich mit dem plötzlichen Tod beschäftigt, heißt »Mord und Seelenfrieden«. Wie er anhand zahlreicher Beispiele verdeutlicht, entsteht in Menschen, die plötzlich und ernsthaft verletzt wurden, ein unübersehbarer Seelenfrieden. Dieser Seelenfrieden macht deutlich, daß die Er-

112

fahrung (Schock, Unglaube, Dissoziation), der die Person unterworfen ist, jedenfalls nichts mit den schrecklichen Qualen zu tun hat, über die Sie und ich uns Sorgen machen. Es ist nicht möglich, zugleich ruhig und von Schmerzen gequält zu sein, es sei denn, man wird durch die eigenen Körpermechanismen anästhesiert. Und das geschieht immer.

Eine kleine Geschichte

Als ich während meines letzten Schuljahrs noch zu Hause lebte, habe ich einmal die Wirksamkeit dieser natürlichen Schmerzmittel erlebt. Ich hatte mich mit meiner Schwester in einen jener wilden Machtkämpfe verstrickt, die so typisch für unsere jüngeren Jahre waren. Ich erspare Ihnen die Details. Als wir uns jedoch gegenseitig immer lauter anbrüllten, trat unsere Mutter zwischen uns und beendete die Auseinandersetzung mit einem einzigen Satz zu Elsas Gunsten. Die Entscheidung zwischen Klavier üben und fernsehen war ja auch nicht allzu schwer. Das Klavier gewann.

Wütend über die Ungerechtigkeit, stürmte ich in mein Zimmer. Um meiner Meinung Ausdruck zu geben, schlug ich die Schlafzimmertür so heftig zu, wie ich es vermochte. Der Schwung wirbelte mich um meine eigene Achse, so daß ich wieder mit dem Gesicht zur Tür stand, als die oberen zwei Drittel des Spiegels – der nun leider nicht mehr an der Tür befestigt war – wie das Messer einer Guillotine in mein linkes Knie fuhren.

Der Augenblick ist mir noch immer sehr gegenwärtig. Ich blickte nach unten und sah etwas, was mich an eine jener Zeichnungen denken ließ, die gut sichtbar und voneinander unterscheidbar die einzelnen Schichten der Erde zeigen. Ich erinnere mich daran, daß ich Haut, Muskel – ja, ja, das mußte der Knochen sein – und unmittelbar darauf einen riesigen See Blut auf dem Boden bemerkte. Ich hörte mich selbst schreien, beobachtete mich dabei, wie ich mit beiden Händen nach meinem Unterschenkel faßte – als ob ich befürchtete, er könne abfal-

113

len –, ihn festhaltend zu meinem Bett humpelte und mich auf dessen Kante setzte.

Nun, da war keinerlei Schmerz, und es handelte sich wirklich um einen außergewöhnlich tiefen Schnitt. Erst nachdem ich viele Stunden später im Aufwachzimmer der Chirurgie zu mir kam, spürte ich starken Schmerz. Und er blieb mir für mehrere Wochen erhalten, ohne daß Schmerzmittel mir besonders geholfen hätten. Es dauerte Wochen, bis es endlich vorbei war.

Was mich jedoch während der ersten paar Stunden rettete, waren jene natürlichen Anästhetika, die der Körper ausschüttet, wenn eine so große Verletzung vorliegt. Denken Sie daran: Der Sinn von Schmerz ist es, uns wissen zu lassen, daß etwas sofort versorgt werden muß, daß etwas nicht in Ordnung ist.

Ist die Wunde jedoch groß und irreparabel – mit anderen Worten, wenn man an ihr sterben wird –, dann wäre Schmerz doch sinnlos, nicht wahr? Der Verletzung würde nun auch noch eine Beschimpfung hinzugefügt werden, und wem würde das helfen? Wer war noch gleich das Genie, das diese Körper entworfen hat?

Allmählicher Tod

Allmählicher Tod, der in wenigen Minuten bis wenigen Stunden kommt, weil sich nicht mehr genug Sauerstoff im Blut befindet, ist die zweite der drei Möglichkeiten. Und auch in diesem Fall können uns, was den Schmerz angeht, Erfahrungen, mit denen viele Menschen vertraut sind, beruhigen.

Personen, die nach dem Ertrinken wieder ins Leben zurückgeholt wurden, berichten, daß sie, während ihre Lungen sich mit Wasser füllten, von Frieden und nicht von Schmerz erfüllt waren. Einer unserer Kursteilnehmer, der als Kind beinahe ertrunken war, hatte die Erfahrung als so beglückend empfunden, daß er, nachdem der Rettungsdienst ihn wiederbelebt hatte, wieder zurück in den Swimmingpool wollte.

Die meisten Menschen sind dem Ertrinken noch nicht einmal nahe gekommen. Aber es ist jedem vertraut, wie es sich in

114

einem schlecht belüfteten Raum anfühlt (denken Sie nur an die überheizten Schulzimmer im Winter) und wie man von Schläfrigkeit überkommen wird. Diese Schläfrigkeit aber ist nichts anderes als die Auswirkung eines schlecht mit Sauerstoff versorgten Gehirns.

Sie können sicher in Ihrem eigenen Leben zahlreiche Beispiele dafür finden, wie es sich anfühlt, wenn man nicht genug Luft bekommt. Die Bilder verschwimmen, man kann sich nicht konzentrieren und sich nicht wach halten. Vorausgesetzt, es gibt keinen Grund, der einen zwingt, wach zu bleiben (wie beim Autofahren zum Beispiel), so kann es ein sehr angenehmes Gefühl sein, sich dem Schlaf zu überlassen. Falls beim Autofahren Ihre Konzentration nachläßt, Sie aber keine Zeit für eine Pause haben, öffnen Sie doch wahrscheinlich das Fenster, um frische Luft zu bekommen?

Wenn Sie jemanden besuchen, dem der Tod kurz bevorsteht, wird ihm vielleicht Sauerstoff über einen Schlauch in der Nase zugeführt. Dieser Mensch fühlt sich gewiß schläfrig und schwach, aber beides ist nicht schmerzhaft.

Doch kann die Angst vor dem Tod, die so viele Menschen im letzten Augenblick überflutet, selbst eine schwache, schläfrige Person in Aufregung und Panik versetzen. Der in diesem Moment aufkommende Schmerz ist sehr real, daran besteht kein Zweifel, aber er ist geistig und nicht körperlich. Er beruht auf der Vorstellung von der Auslöschung, die, wie Sie inzwischen wissen, wirklich falsch ist. In der Tat verfolgt dieses Buch ja das Ziel, Ihnen und anderen Menschen, die sterben müssen, dabei zu helfen, sich von dieser schrecklichen Angst zu befreien.

Der Tod nach längerer Krankheit

Körperlicher Schmerz tritt also nur dann auf, wenn der Tod langsam, als Folge einer chronischen Krankheit, kommt. Und in diesem Zusammenhang gibt es gute Nachrichten, denn die meisten Ärzte sind heute viel gründlicher als noch vor Jahren im Bereich der Schmerztherapie ausgebildet. Sie bringen ein entsprechend profundes Wissen mit und nehmen Schmerzen ernst. In Amerika ist sogar ein neuer Fachbereich entstanden, der sich Schmerzmanagement nennt.

Schmerzmanagement

Die Technologie der Schmerzkontrolle, vor allem das Wissen, welche Kombination von Medikamenten Schmerzen im wahrsten Sinn des Wortes auslöschen kann und dafür sorgt, daß es dem Patienten gutgeht und er wach bleibt, hat sich in den letzten Jahren sehr rasch entwickelt. Allerdings, der Umgang mit dem Schmerz und das Schmerzmanagement hat sich noch nicht ausreichend geändert.

Im Zentrum des Problems unzureichenden Schmerzmanagements steht ein Ungleichgewicht in der Beziehung zwischen Arzt und Patient. Und es wird nicht allein von den Ärzten verursacht. Die meisten Menschen wären gerne nach wie vor der passive Teil im Gesundheitssystem. Sie meinen, da die Ärzte die Antworten haben, sollten sie auch die Entscheidungen treffen.

Diese Einstellung erweist sich jedoch als Bumerang, wenn wir uns mit akuten oder chronischen Schmerzen in der Beziehung zu einem Arzt oder anderem medizinischen Personal wiederfinden. Machen Sie sich klar: Ihr Arzt kann Ihren Schmerz nicht spüren, und es gibt eine natürliche Grenze für sein Einfühlungsvermögen. Außerdem ist die Schmerztoleranz bei jedem Menschen anders ausgeprägt. Damit ist es eindeutig Ihre Aufgabe, klar und genau zum Ausdruck zu bringen, was in Ihnen vorgeht und was dagegen getan werden soll.

Die häufigste Form von Drogenmißbrauch in späteren Stadien von schmerzhaften Krankheiten ist die zu geringe – nicht die zu hohe – Medikation von Schmerzmitteln. Jüngste Studien in Amerika haben gezeigt, daß viele Menschen verschriebene Analgetika nicht in der verordneten Menge einnehmen oder aber ihre Schmerzen in der Beschreibung untertreiben. Woher kommt die Scham davor, Schmerzen zuzugeben? Was läßt uns glauben, wir hätten Schmerzen verdient und müßten sie eben aushalten?

Falls Sie sich in einer der beiden Fragestellungen wiedererkennen, bitte ich Sie, das in den Griff zu bekommen. Schmerz ist schlecht für die Moral, versetzt uns jedesmal in schlechte Stimmung und hält obendrein noch den Körper davon ab, die ihm möglichen Reparaturarbeiten in einem angemessenen Zeitraum zu erledigen. Der Körper erlebt Schmerz als Streßquelle, und daher sammelt er seine Kräfte, um diesen Streß zu bekämpfen, statt sich um verletztes Gewebe zu kümmern. Außerdem kann er nicht zur Ruhe kommen, weil er mit Schmerzen zu kämpfen hat.

Bedenken Sie auch, daß der Anblick, den Sie, wenn Sie unter Schmerzen leiden, den Menschen bieten, die Sie lieben, für diese äußerst qualvoll sein kann. Wenn es um Schmerz als Teil einer tödlichen, chronischen Krankheit geht, warum sollten Sie ihn dann aushalten müssen, da er doch vermeidbar ist? Vielleicht sehen Sie diese Dinge ganz anders als ich, aber ich muß trotzdem meine Bedenken gegen körperlichen Schmerz ins Feld führen.

Nur bei der Geburt gibt es einen Grund, sich bei der Medikation zurückzuhalten, denn das Leben eines anderen Menschen wäre davon betroffen. Und weil der Wehenschmerz schubweise kommt und der ganze Prozeß in der Regel weniger als einen Tag dauern sollte, kann man eventuell verlangen, daß er durchgestanden werden sollte. Ich selbst halte jedoch auch davon nichts und habe mein zweites Kind mittels Kaiserschnitt auf die Welt gebracht.

Ich weiß, auch der Kaiserschnitt birgt Risiken in sich. Und es gibt bestimmt Frauen, für die eine Geburt keine große Sache ist. Aber ich gehöre nicht zu ihnen. Und was meinen kleinen, schmalen Körper betrifft, er konnte nichts Natürliches an der ganzen Sache finden.

Ich habe noch nie gehört, daß Menschen netter, freundlicher und liebenswürdiger werden oder Liebe offener annehmen oder geben können, wenn sie Schmerzen haben. Sie vielleicht? Falls

117

Sie also bisher nicht bereit waren, eine ausreichende Schmerztherapie zu akzeptieren oder Angst hatten, darauf zu bestehen, wenn also Sie selbst und nicht Ihr Arzt für Ihr unangemessenes Schmerzmanagement verantwortlich waren, dann sollten Sie das schleunigst überwinden.

Übrigens, gleiches gilt auch für emotionalen Schmerz. Mit dem Aushalten von emotionalem Schmerz läßt sich ebensowenig ein moralischer Sieg erringen wie mit dem Ertragen körperlicher Pein. Depressionen, Angstzustände und all ihre Verwandten können bei einer angemessenen Medikation einpacken. Menschen, die eine Veranlagung zur Depression haben, würden gut daran tun, sich das einmal klarzumachen.

Mit die bösartigste Eigenschaft von geistigem oder emotionalem Schmerz im Vergleich zu physischem ist, daß letzterer einen dazu veranlaßt, zum Arzt zu gehen, während ersterer dafür sorgt, daß man sich zurückzieht. Ist Ihnen das schon einmal aufgefallen?

Körperlicher Schmerz erzeugt die Energie, die notwendig ist, um einen schnellen Ausweg zu finden. Er zwingt den Menschen dazu. Wer hält schon die heiße Kartoffel in der Hand und fragt sich, was er von seiner Persönlichkeit preisgibt, wenn er sie fallen läßt? Oder fragt sich, ob er die Erleichterung auch verdient, die sich einstellt, nachdem er sie fallen gelassen hat? Niemand. Niemals. Aber diese unangemessenen Gedankengänge halten uns manchmal davon ab, emotionalen Schmerz mit Medikamenten zu bekämpfen. Mich haben die Schmerzen Jahre und Jahre im Griff gehabt. Wie dumm, unnötig zu leiden. Ich tue es nicht mehr und werde es nie wieder tun.

Sollte jedoch Ihr Arzt und nicht Ihr dickköpfiger Stolz das Problem sein, dann haben Sie als Verbraucher von Gesundheitsfürsorge eine Menge Möglichkeiten, sich vor unnötigem Schmerz zu schützen.

Fragen Sie Ihren Arzt nach seiner Einstellung zu körperlichem Schmerz und zu Schmerzmanagement. Manche Ärzte glauben noch immer, die schmerzlindernden Opiate führten zur Drogenabhängigkeit. Wer sich in den letzten Monaten einer

118

schmerzhaften Krankheit befindet, dem dürfte Abhängigkeit keine Sorgen mehr bereiten. Wenn Ihr Arzt also nicht von ganzem Herzen Ihren Wunsch unterstützt, so schmerzfrei wie möglich zu sein, dann suchen Sie sich einen anderen, der damit keine Probleme hat.

Wie John bekam, was er wollte

John Roth war ein ruhiger, eher schüchterner junger Mann aus Oklahoma, der an Aids erkrankt war. Er kam seit drei Jahren immer wieder in meinen Kurs und befaßte sich dort nie mit den vielen Schwierigkeiten, die ihm sein Körper bereitete – unter anderem die Tatsache, daß er langsam erblindete –, ja, er sprach nicht einmal darüber.

Alle anderen Kursteilnehmer hatten John ins Herz geschlossen, weil er so unglaublich mutig war und nicht das geringste Selbstmitleid zeigte oder seine Sache anderweitig dramatisierte. John hatte Mut. John hatte Herz. Aber John konnte körperliche Schmerzen, gleich welcher Art, nicht ertragen. Im Lauf der Jahre hatte er sich jedoch immer wieder recht schmerzhaften Prozessen unterwerfen müssen. Wir ermutigten ihn dazu, bei schwierigen Eingriffen auf einer angemessenen Schmerztherapie zu bestehen. Und John gelang das immer besser, wobei er folgendermaßen vorging:

Schon vor dem Eingriff erklärte er dem Arzt, daß er *im voraus* gegen Schmerzen behandelt werden wollte. Wenn der Arzt irgend etwas an John vornahm, bevor die Medikamente wirkten, ließ John ihn nicht fortfahren. John regte sich auf. Er machte Witze. Er drohte damit, daß er schreien und treten würde (immer mit einem Lächeln im Gesicht). Keiner kam je auf den Gedanken, John nicht ernst zu nehmen.

Vor zwei Sommern war John auf Urlaub in Santa Fe und mußte schon am ersten Tag wegen eines hohen Fiebers ins Krankenhaus. Die Infektion, die das Fieber verursachte, wurde auf seinen Hickman-Katheder zurückgeführt. Dieser Katheder, ein fest verlegter Schlauch, der in der Brust direkt in den Körper führt, ermöglicht es der Krankenschwester, Medikamente zu verabreichen, ohne jedesmal mühsam nach einer Vene suchen zu müssen.

Der Hickman-Katheder wird bei Personen, die schon jahrelang mit Aids leben müssen und daher täglich eine ganze Reihe von Medikamenten benötigen, recht häufig gelegt. Dies war also Johns Situation. Der Katheder macht in der Regel keine Schwierigkeiten, es sei denn, eine Infektion entwickelt sich. Ihn jedoch wieder zu entfernen kann äußerst schmerzhaft sein, und Johns Katheder mußte raus. Zwei Tage später sprach ich mit John am Telefon, und dies war sein lebhafter, fröhlicher Bericht:

»Nun, ich habe sie gebeten, doch zu warten, bis das Schmerzmittel wirken würde, aber sie taten es nicht, und deshalb tat es höllisch weh – ich habe geschrien und geschrien. Sie erklärten mir, es würde nur fünf Minuten dauern, aber fünf Minuten sind eine verdammt lange Zeit, wenn man Schmerzen hat. Sie hatten keine Schmerzen. Ich hatte sie.

Als sie am nächsten Morgen kamen, um nachzusehen, da habe ich ihnen wirklich meine Meinung gesagt. Ich habe ihnen gesagt, daß sie so etwas besser nie wieder mit mir machen. Ich habe ihnen gesagt, daß sie es mit ihren eigenen Söhnen bestimmt nicht auf diese Weise gemacht hätten. Ich habe ihnen so richtig eingeschenkt. Ich glaube nicht, daß sie je wieder mit irgend jemandem so herzlos umspringen werden.«

John hatte gelernt, seine Wünsche zu artikulieren und Stück um Stück durchzusetzen. Doch in erster Linie geht es mir hierbei darum, Ihnen zu vermitteln, daß Vereinbarungen am besten getroffen werden können, bevor es losgeht – solange Sie noch ruhig und aus einer Position der Stärke mit Ihrem Arzt reden können, also bevor der Schmerz Sie im Griff hat. Machen Sie sich klar: Der Arzt ist Ihr Angestellter. Sie haben das Recht, Ihren vernünftigen Willen durchzusetzen. Sie sind der Boß.

120

Wenn es um Ihren Tod geht (bei Ihrem Leben selbstverständlich auch), spielen Sie die Hauptrolle. Fragen Sie sich also, ob Schmerzen sein müssen, denn seien Sie versichert, das ist *nicht* der Fall. Doch der Schlüssel für einen schmerzfreien Übergang liegt in der Beziehung, die Sie zu Ihrem Arzt aufbauen. Das ist eine wichtige Angelegenheit. Kümmern Sie sich jetzt darum.

Das beste und vollständigste Buch über Schmerzmanagement, das ich kenne oder das ich mir vorstellen kann, wurde von Susan S. Lang und Richard B. Patt geschrieben und trägt den Titel *»You Don't Have to Suffer«* (»Sie müssen nicht leiden«, Oxford University Press, 1994 – leider ist das Buch bisher nicht in deutscher Sprache erschienen). Die Autoren, sie Ärztin und er Wissenschaftsjournalist, haben ein außerordentlich hilfreiches Kapitel unter der Überschrift »Wie man zu einem aktiven Gesundheitsfürsorge-Verbraucher wird« geschrieben, das zu den folgenden Themen Rat erteilt:

- *Was von Ärzten zu erwarten ist.*
- *Worauf man bei einem Arzt achten sollte.*
- *Checkliste für die Wahl des Arztes, mit dem gemeinsam man Schmerzen bekämpfen will.*
- *Wenn der Arzt die Schmerzen des Patienten nicht ernst nimmt.*
- *Lassen Sie sich nicht mit etwas abspeisen, was Ihre Schmerzen nicht wirkungsvoll bekämpft.*

Die Autoren haben sich die Mühe gemacht, alles, aber auch alles zu beschreiben, was bei der Bekämpfung von Schmerzen Wirkung zeigt – nicht nur Medikamente, sondern auch Akupunktur, Hypnose, verschiedene physiotherapeutische Methoden, Meditation, Biofeedback und chirurgische Eingriffe.

Am wichtigsten ist meiner Meinung nach jedoch, daß sie Schmerz ernst nehmen und ein breites Spektrum an leicht verständlichen Informationen anbieten, mit deren Hilfe Schmerzen gelindert werden können. Obgleich der Schwerpunkt auf

Krebserkrankungen und den unangenehmen Begleiterscheinungen der Krebsbehandlung liegt, ist der Informationsgehalt des Buches doch allgemein hilfreich.

Über den Körper

Haben Sie schon einmal festgestellt, wieviel Mühe es macht, den Körper zu erhalten? Solange er jung und kräftig ist, macht uns das in der Regel wenig aus. Da wir ihn zu Markte tragen, muß er gut aussehen. Keine Frage, man kann eine recht gute Zeit im Körper verbringen, vor allem in einem jungen, gesunden und starken.

Aber der Pferdefuß kommt erst noch. Alles, was der Körper produziert, muß sofort entsorgt werden. Natürlich, es gibt eine Ausnahme: eine Frau kann ein Baby bekommen. Aber was tut man als erstes mit dem Neugeborenen? Man packt es in eine Windel. Falls Sie noch weitere Informationen über das Innere Ihres Körpers benötigen, folgen Sie dem Rat eines meiner Freunde: Stecken Sie einen Finger in eine beliebige Körperöffnung. Nehmen Sie ihn heraus. Riechen Sie daran. Verstehen Sie, was ich meine?

Das einzige Produkt, welches der Körper regelmäßig produziert, stinkt derart, daß man es so schnell wie möglich beiseite schaffen muß. Und es gibt auch keinen Markt dafür, es sei denn, Sie sind ein Pferd oder eine Kuh. Mithin ist der Körper eine Exkrementenfabrik. Und wir können das Zeug nicht einmal verschenken, geschweige denn verkaufen. Wunderbar.

Wie ernst nehmen wir dieses Wunder an Effizienz, das aus dem erhabensten Menü innerhalb weniger Stunden einen Haufen Abfall machen kann? Haben Sie je Menschen beim Sport im Fitneßzentrum beobachtet? Es sieht sehr lustig aus: die Anstrengung, der Kampf, die Ernsthaftigkeit, das Schwitzen und Stöhnen. Ich gehe auch dahin.

Wir alle polieren also fleißig etwas auf, das absolut keine Zukunft hat und das in dem Moment, in dem der Besitzer es verläßt, zu einem öffentlichen Gesundheitsrisiko wird. Wir müssen sogar Spezialisten beschäftigen, um den toten Körper mit beängstigendem Kostenaufwand zu entsorgen. Und dies trifft zu, egal, wie jung und hübsch oder glatt der Körper war, bevor sein Bewohner sich davonmachte. Ich will damit nicht sagen, daß der Körper keinen Wert besitzt oder nicht gut behandelt werden sollte. Doch die Angelegenheit kann äußerst verwirrend sein.

Der Körper ist das Zuhause

Vor dreiundzwanzig Jahren war ich die glückliche Mieterin einer besonders schönen Wohnung. Die hohen Decken, der Parkettfußboden und der wunderbare Schnitt waren einzigartig. Aber am besten gefielen mir die Helligkeit und der Blick: Sonnenlicht durchflutete alle sechs Räume, der stimmungsvolle Hudson-Fluß war aus allen Fenstern zu sehen, und kein anderes hohes Gebäude war in der Nähe, das mich gezwungen hätte, jemals die Jalousien herabzulassen.

Mein südlicher Nachbar war sogar der alte Trinity Parish Intercession Chapel Friedhof mit seinen majestätischen Bäumen und dem würdevollen gußeisernen Eingangstor. Ich habe in dieser Wohnung wirklich ausgesprochen gern gelebt.

Jeder, der mich besuchte, fühlte sich in meiner Wohnung sehr wohl. Es war einfach ein so zauberhafter Ort. Also hatte ich oft Gäste. Jeden Sonntag Brunch, Nachbarn besuchten mich, und immer war etwas zu essen da. Menschen, die ich in einer anderen Umgebung kennengelernt hatte, lud ich sofort zu mir nach Hause ein. Ich meinte, daß sie keine Vorstellung von mir haben konnten, solange sie nicht meine Wohnung gesehen hatten.

Ich hatte natürlich selbst keinerlei Vorstellung davon, wer ich war. Ich hielt mich für eine Wohnung! Eine gemietete Wohnung, das muß man sich mal vorstellen! Können Sie sich ein Bild davon machen, wie ich mich fühlte, als ich ausziehen mußte?

123

Oben, im makroskopischen Labor

Als ich in den Zwanzigern war, erhielt ich die Gelegenheit, einen genauen Blick aus einer recht ungewöhnlichen Perspektive auf meinen Körper zu werfen. Folgendes war geschehen:

Irgendwann in jener Zeit brach ich zum ersten Mal mein Studium ab. Natürlich waren meine Eltern bestürzt. Doch hinter ihrer vordergründigen Bestürzung verbarg sich Wut.

Also tat ich das, was mein Hund macht, wenn er ein Malheur auf dem Teppich hinterläßt – er versteckt sich unter dem Bett. Ich für meinen Teil zog mich in eine Stadt im mittleren Westen zurück, über tausendfünfhundert Kilometer von zu Hause entfernt. Ferngespräche waren damals noch nicht so üblich wie heute, und ich wußte, daß ich, angesichts der Kosten, nur etwa einmal im Monat eine Predigt über mich ergehen lassen mußte. Außerdem konnte ich mir einen Telefonanschluß ohnehin nicht leisten.

Nach einem Gastspiel als Gehilfin einer Krankenschwester, ergatterte ich einen Job als Laborantin in der anatomischen Abteilung in einer der Universität angegliederten medizinischen Fachschule. Ich war weder für diese noch für eine andere Arbeit qualifiziert, wurde jedoch als Anlernling angestellt. Um die Wahrheit zu sagen, ich hatte Schwierigkeiten damit.

Als ich im September 1961 anfing, fiel mir als erstes ein durchdringender, unbekannter, aber nicht unangenehmer Geruch auf, der sich von den oberen beiden Stockwerken des Gebäudes aus bis dorthin verbreitete, wo ich arbeitete. »Was ist das für ein Geruch«, fragte ich meine Chefin.

»Das ist nur das makroskopische Labor – das ist nichts Besonderes, spätestens in einer Woche werden Sie den Geruch gar nicht mehr merken«, erklärte sie mir.

Da ich nicht zugeben wollte, daß ich keine Ahnung hatte, was das makroskopische Labor war, schlich ich mich in einer Mittagspause hinauf. Wahrscheinlich ahnen Sie schon, was ich zu Gesicht bekam. Dort sezierten die Medizinstudenten Leichen, immer zwei pro Leiche. Wie sehr mich der Anblick von vierzig schmierigen, grauen Leichensäcken aus Plastik, in deren Mitte ein Reißverschluß vom Kopf bis zu den Füßen verlief, an jenem ersten Tag überraschte und schockierte, können Sie sich wohl vorstellen.

In der Schule hatte ich Literatur als Hauptfach belegt. Bisher hatte ich noch nicht einmal einen Frosch seziert. Ich war eindeutig nicht auf vierzig menschliche Körper in reißverschlußbewehrten Plastiksäcken vorbereitet, auf tote Körper, die von all diesen ernst aussehenden jungen Männern – zu der Zeit waren es ausschließlich Männer – zerlegt wurden.

Aber die Neugier gewann die Oberhand. Vorsichtig betrat ich den Raum. Und ich sah: Was immer sich in diesen Plastiksäcken oder auf dem Seziertisch befand, es war keineswegs mehr ein Mensch. Was zuvor Fleisch gewesen war, sah nun grau, faltig und ölig aus. Da war kein Blut, nichts, was besonders stark roch oder schmutzig aussah, keine Flüssigkeiten, die mir bekannt vorkamen, und kein Eindruck, der mich diese menschlichen Überreste mit einem lebenden Menschen assoziieren ließ. Es gab also schließlich doch nichts Abstoßendes oder Erschreckendes, das konnte ich sogleich erkennen. Das Gefühl, hier könnte etwas gruselig oder unschicklich sein, zerstreute sich sofort. Kein Problem. Es war niemand zu Hause.

Später fand ich heraus, daß die Körper in der Obduktion ein Jahr lang in Formalin – einem Konservierungsmittel – eingelegt werden, bevor man sie den Studenten überläßt. In die Venen und Arterien der Leichen werden rote und blaue Flüssigkeiten injiziert, damit die Studenten ihren Weg besser verfolgen können.

Ohne Zweifel macht jeder, der seine Überreste auf diese Weise als Lehrmittel zur Verfügung stellt, ein bedeutendes Geschenk. Ein Medizinstudent könnte wohl kaum ebenso detaillierte Kenntnisse erwerben, wenn er das alles nur auf Bildern sehen würde. Außerdem gibt es keine weitere Verwendung für diesen Körper, nachdem sein Bewohner ausgezogen ist.

Ich will Ihnen mit dieser Geschichte nur klarmachen, daß für mich keinerlei Gefahr bestand, diese schmierigen Überreste mit irgend etwas derartig Scharfsinnigem und schlau Ausgetüfteltem wie einem menschlichen Wesen zu verwechseln. In jener Zeit versuchte ich noch nicht, zumindest nicht bewußt, die Beziehung zwischen dem Körper und seinem Bewohner zu begreifen, aber in dieser bizarren medizinischen Umgebung waren mir Erfahrungen möglich, durch die ich einiges lernte.

Oben auf dem Dach

Der Frühling kam, und mein Freund David und ich verbrachten freie Stunden von Zeit zu Zeit auf dem Dach. David, ein ernsthafter, ehrgeiziger Vorkliniker, beschäftigte sich wie besessen mit seiner Karriere. Er war ein gutherziger Typ, aber getrieben von seinen beruflichen Vorstellungen. Später, als Arzt, hat er viel Gutes bewirkt.

Das Dach befand sich über der Obduktion, aus der die Gerüche nun etwas intensiver zu uns emporstiegen, da das Wetter wärmer war. Die Studenten hatten sozusagen Hackfleisch aus Leichen gemacht, obwohl noch immer größere Stücke in den Säcken übrig waren, zum Beispiel Knochen und Schädel. Was sollte mit ihnen geschehen?

Nehmen Sie es mir nicht übel, aber während ich mich an diese Dinge erinnere, fällt mir der Truthahn ein und das, was eine Woche nach Thanksgiving noch von ihm übrig ist. (Folgen Sie mir noch?) Es ist das Gerippe, nicht wahr, das Fleisch ist alles aufgegessen. Vielleicht macht Mama eine Suppe daraus, wenn sie dafür etwas übrig hat. Oder aber: ab in den Müll. Was also soll mit diesen menschlichen Überresten geschehen? Als Suppenzutaten eignen sie sich nicht.

An einem Ende des Daches befand sich ein roher, kleiner Schuppen. Ein Typ namens James ging hinein und kam wieder heraus. James sei der Diener, erklärte David. Ich wollte wissen, was er zu tun habe. Nun, er mache das, was sonst niemand in der Anatomie und auch in der Pathologie machen will. Davids Antwort war unklar. Also ging ich hinüber zu dem Schuppen, um selbst nachzusehen.

126

James war ein ordentlicher Typ. In dem Schuppen befand sich ein Einäscherungsofen. In einer Ecke des Schuppens lagen Arm- und Beinknochen, Rümpfe in einer anderen und Schädel gegenüber der Tür. James fütterte den Ofen mit Leichenteilen. In seiner Gesäßtasche steckte eine flache Flasche mit etwas Nützlichem, ich meine Alkohol. James schwitzte, arbeitete gleichmäßig und konzentriert, wischte sich den Schweiß von der Stirn, arbeitete weiter.

Oje, oje. Ich ging zurück zu David, der grinste und zuckte mit den Schultern. Er hatte die Einstellung eines Wissenschaftlers. Das dort im Schuppen war nichts Besonderes für ihn.

Aber was tue ich hier? dachte ich. *Das ist einfach zu fremd – warum muß ich diese Dinge sehen? Ich bin einundzwanzig und Schriftstellerin. Warum sollte eine einundzwanzigjährige zukünftige Schriftstellerin über den Tod nachdenken müssen?*

Ich wußte damals natürlich nicht, daß ich schon drei Jahre später mit dem Tod meiner Mutter würde fertig werden müssen. Aber während ich diese Worte an einem friedlichen, sonnigen Sonntagmorgen niederschreibe und meine eigene kleine Tochter noch in ihrem Zimmer schläft, fällt mir der erste Mensch ein, dem ich durch die Organisation »God's Love We Deliver« an einem Februarnachmittag 1986 sein Essen brachte. Er war sechsundzwanzig Jahre alt, aber so gebeugt, schwach und verbraucht wie ein Neunzigjähriger. Sein Name war Ben, und er sagte zu mir, so ergreifend: »Warum sollte ein sechsundzwanzigjähriger Mann über den Tod nachdenken müssen?«

Das war eine herzzerreißende Frage, vor allem von einem jungen Mann, dessen Vater zu ihm gesagt hatte, er könne schon nach Hause nach North Carolina kommen, aber nur in einem Sarg.

Dennoch lautet die Antwort auf Bens ernüchternde Frage: Warum nicht?

Daß ich die Haufen von Leichenteilen vor so vielen Jahren gesehen habe, trug dazu bei, die Überzeugung, die sich erst nach und nach in meinem Kopf bildete, zu festigen: Was immer die rätselhafte menschliche Person auch sein mag, sie ist nicht

127

eine Ansammlung von Körperteilen, Oberschenkeln, Brustkörben und Unterschenkeln. Wir sind nicht dasselbe wie ein Brathühnchen. Das sind wir nicht.

Im Leichenschauhaus

Was geschah damals als nächstes? Meine Chefin schickte mich über die Straße in die Pathologie, um dort bei den Histopathologen in die Lehre zu gehen. Dort wurden die bei der Obduktion gewonnenen Proben präpariert, damit sie unter dem Mikroskop analysiert werden konnten. Das ist ein besonders sinnreicher Prozeß, die Einzelheiten erspare ich Ihnen.

Es reicht, wenn ich Ihnen sage, daß ich damit direkt neben der Obduktion arbeitete mit all ihren erstaunlichen Anblicken, Geräuschen – und Gerüchen –, eine Welt, die jenem von Alice besuchten Wunderland nicht unähnlich war, da sie mir auch von Mal zu Mal merkwürdiger erschien.

Die zur Obduktion freigegebenen Körper wurden in einem sargähnlichen Aufzug aus dem Kühlraum im Keller nach oben geschafft. Der Aufzug hatte allerdings mehr Ähnlichkeit mit einem alten Speisenaufzug, da er über quietschende, alte Rollen mit einem ausgefransten, alten Seil per Hand hinaufgezogen werden mußte. Die Plattform bestand aus einigen roh zusammengenagelten Brettern, die breit genug waren, um die Leiche aufzunehmen.

Woher wußten wir, daß wir demnächst »Post« bekommen würden? Der Aufzug begann in den gräßlichsten Tönen jämmerlich zu klagen, sobald James, der Diener, ihn hinaufzog. Der Soundeffekt war beinahe zu perfekt, fast so, als ob irgendein Jugendlicher im Nachbarzimmer sein Lieblingshorrorvideo ansehen würde.

Fünf oder zehn Minuten später kamen dann die Gerüche. Um die Mittagszeit waren sie besonders schlimm. Es dürfte nicht erstaunen, daß niemand von uns jemals versuchte, im Labor zu essen. Dennoch hatte man ganz schön zu kämpfen, wenn man gerade aus der Cafeteria zurückkam. Es war vor allem ein Badezimmergestank – doch in einem erstaunlichen Ausmaß intensiviert und verbunden mit dem Geruch nach frischem Blut, der einem ganz schön an die Nieren gehen konnte.

Zum Glück war das Ventilationssystem wirkungsvoll, und nichts blieb lange in der Luft hängen. Dennoch, drei- oder viermal am Tag schickte der Frachtaufzug seine Ladung zu uns nach oben, und wir wußten nie genau, wann uns die nächste bevorstand, bis der Aufzug sein Klagelied begann.

Anfangs lachten meine Kollegen über mich. Ich war so empfindlich, und sie waren ein so fröhlicher Haufen. Ununterbrochen lachten sie miteinander und vor allem über mich, die ich darum kämpfte, meinen Brechreiz unter Kontrolle zu halten. Schließlich bewegte mich der gleiche Impuls, der mich in das makroskopische Labor gezogen hatte, auch die Obduktion zu betreten. Ich wollte wissen, was ich da roch. In der Obduktion sah ich vier Tische aus glänzendem, rostfreiem Stahl. Jeder von ihnen, vom Kopf- bis zum Fußende etwa fünf Grad geneigt, war ausgerüstet mit einem tiefen Spülbecken, einem übergroßen Abfluß und einem Wasserschlauch am unteren Ende. In der Längsrichtung waren die Tische mit Rinnen versehen, in denen ablaufende Flüssigkeiten (Blut und so fort) in das Spülbecken geführt wurden. Eine Schalenwaage aus weißer Emaille hing am Ende über dem Spülbecken jedes Tisches. »Gut und effektiv gestaltet«, dachte ich damals.

Wände und Fußboden waren gekachelt, damit alles ohne große Umstände mit dem Wasserschlauch abgespritzt werden konnte, im Fußboden befanden sich Abflüsse. An der einen Wand waren eine Reihe von Spülbecken aus rostfreiem Stahl befestigt. An einer anderen Wand standen Tische, auf der Proben vorbereitet und dann in Gefäße mit Konservierungsmitteln gelegt werden konnten. Der Raum wurde natürlich kühl gehalten und strahlte eine geradezu unheimliche Reinlichkeit aus. Es hing viel zuviel Desinfektionsmittel in der Luft, als daß man normal atmen konnte. So war es natürlich nur zwischen den Obduktionen. Während der Obduktionen versuchte ich gar nicht erst zu atmen.

Der Diener James hielt sich in seiner freien Zeit im Durchgang zwischen unserem Labor und der Obduktion auf und schlief auf einem gebrechlichen Holzstuhl, den er schräg gegen die Wand gelehnt hatte. Die Wände dieses dunklen kleinen Durchgangs waren gewölbt. An ihnen waren Regale aufgebaut, sehr staubige Holzregale, in denen altmodische graue Steinguttöpfe standen – die großen auf der rechten Seite und kleinere Einmachtöpfe, gefüllt mit einer trüben Flüssigkeit, auf der linken Seite.

Und in dieser trüben Flüssigkeit, so hineingezwängt, daß fast kein freier Raum mehr übrig war, befand sich »Material«, undefinierbares Material, das ein bißchen wie Schweinsfüße in Aspik aussah.

Was konnte wohl dieses Material mit dem heiteren und heiligen Geist eines menschlichen Wesens zu tun haben? Das war doch nur irgendein eingelegter Abfall. Nur Überreste. Soviel zum kostbaren Leichnam.

8

Noch einmal Angst und Trauer

Zuerst die Angst – Angst ist am schlimmsten

Stellen Sie sich vor, Sie gehen in der Dämmerung im Urwald einen Pfad entlang und hören einen Löwen brüllen. Ihnen bricht der Schweiß aus, ein Knoten bildet sich in Ihrem Bauch, und Sie schmecken, wie die Angst in Ihrem Hals aufsteigt. Nun stellen Sie sich vor, daß Sie gegen Abend im Zoo einen Weg entlanggehen und die gleichen Geräusche hören. Diesmal haben Sie keine Angst.

Das ist der erste Absatz eines faszinierenden Artikels von Sandra Blakeslee, der am 6. Dezember 1994 im Wissenschaftsteil der *New York Times* zu lesen war. Er ist einer jener Puzzlestückchen, das die jüngste Forschung an den rechten Platz gerückt hat.

Angst ist dauerhaft im Gehirn verwurzelt. Der Stromkreis, das Netzwerk der Nervenzellen im Gehirn, dem der Mensch die Fähigkeit verdankt, Angst zu haben und zu fliehen, ist mehr oder weniger gleich geblieben wie in jener Zeit, als tatsächlich noch jeder vor brüllenden Löwen davonlaufen mußte.

Dieser Stromkreis, der sozusagen die Hardware und nicht die Software darstellt, hat dafür gesorgt, daß sich diese verletzliche, aber schlaue Art so lange Zeit auf dem Planeten halten konnte. Dieser biologische Mechanismus ist »im Verlauf der Evolution hochgradig konserviert worden«, und das ist gut so, denn ohne ihn wären all unsere Vorfahren zu Großkatzenfutter geworden.

Doch die Dinge haben sich verändert, und wenn man heute einen Löwen brüllen hört, dann weiß man, daß dies in den

131

seltensten Fällen für eine mögliche Bedrohung steht. Angst kommt in dieser Situation nicht einmal mehr auf. Auf jeden Fall läuft deshalb niemand in Panik aus dem Zoo fort. Das liegt daran, weil etwas, was der Mensch *weiß* – daß es nämlich keine frei herumlaufenden Löwen in New York, London oder Berlin gibt –, seine Reaktionsmuster auf einer sehr tiefen Ebene verändert hat. Diese Art von Angst erlebt der Mensch nicht mehr.

Es gibt im Gehirn Mechanismen, die unangemessene Reaktionen unterbinden. Die instinktive Angstreaktion wird also angepaßt, indem daraus ein Nachdenken über den wahren Sachverhalt wird. Die Botschaft, daß Löwen gefährliche Tiere sind, wird eingeschränkt durch die Vorstellung vom Zoo (in der vorderen Region des Gehirns), und der Mensch empfindet keine Angst mehr.

Ich versuche die ganze Zeit, Ihnen klarzumachen, daß der Tod Sie nicht auslöscht und daß Sie, wenn Sie sich davon ebenso überzeugen lassen, wie es Menschen mit Todesnähe-Erfahrungen sind, die Angst, die Sie vielleicht angesichts Ihres eigenen Todes verspüren, gar nicht mehr brauchen. Ich habe dafür gebetet, daß Wissen die Erfahrung irgendwie transformieren würde und wir *lernen* könnten, keine Angst mehr zu haben.

Mut oder was immer es sein mag, das den Mensch trotz seiner Ängste voranschreiten läßt, ist wie jedes beliebige andere Attribut. Manche besitzen es, andere nicht. Aber jeder Mensch kann Wissen erwerben, nicht wahr? Und wenn wir die richtigen Informationen haben, dann *brauchen* wir gar keinen Mut; wir haben einfach keine Angst.

Wie das funktioniert

Angenommen, Sie verstehen oder, noch besser, *wissen*, daß Sie Ihren unvermeidlichen Austritt aus dem Körper als beglückenden und zutiefst friedlichen Übergang erfahren werden. Angenommen, Sie wissen, daß Sie *überleben* werden. Dann fragen Sie sich, was wohl aus Ihrer Angst vor dem Tod werden würde.

Sie müßte doch einfach verschwinden, nicht wahr? Ich will Ihnen ein Beispiel dafür geben, wie sich all dies anfühlen könnte.

Ein kleiner Test

An einem Julinachmittag im Jahr 1987 betrat ich das Optikergeschäft, das sich im Erdgeschoß des Miethauses befindet, in dem ich damals an der Ecke Broadway/83. Street in New York wohnte. Mein Auftrag war, in Erfahrung zu bringen, ob die Brille, die mein Freund Costa bestellt hatte, fertig war und sie eventuell abzuholen. Es befanden sich keine weitere Kunden in dem Geschäft – ein ungewöhnlicher Umstand, für den ich sehr dankbar war.

Die Verkäuferin, eine große, junge Inderin, stand hinter der Kasse gleich neben der Ladentür. Ich fragte sie, ob die Brille fertig sei – sie machte einen Schritt oder zwei fort von der Kasse, um nachzusehen, als ein junger, kränklich aussehender Mann zur Tür hereinkam. Wie ein Kunde dieses relativ hochpreisigen Geschäfts sah er nicht aus.

Er trug ein schmutziges, westenähnliches Unterhemd, ein Paar fleckige Jeans, und sein Haar war lang, strähnig und dreckig. Über seiner rechten, leicht zitternden Hand befand sich eine unheilvoll aussehende gelbe Plastiktüte. Kein gutes Zeichen.

Er stellte mir zwei Fragen, als ob ich die Verkäuferin sei. »Was kostet diese Brille hier? Sie verkaufen sie doch?« Dann ließ er die gelbe Plastiktüte fallen.

Und da war sie, eine sehr große Handfeuerwaffe. Diese Waffe war von der Art – wenn mein durch Kriminalfilme erworbenes Wissen ausreicht, um das zu beurteilen –, die große Fleischstücke aus dem Körper reißt und nichts Verwertbares zurückläßt.

Nun, ich hatte nicht die Möglichkeit, irgend etwas zu tun. Er stand zwischen mir und der Tür. Da waren wir also alle drei – die Verkäuferin, der Mann mit der Waffe und ich. Soeben war der letzte Nachmittag meines Lebens angebrochen.

Ich stand da, leer und still. Die Zeit war eingefroren. Die Verkäuferin schrie – ein lauter, fast komisch-theatralischer Schrei, den Mund weit aufgerissen, die Arme über dem Kopf, die Finger gespreizt.

Dann rannte sie, es kam mir unheimlich langsam vor, in den hinteren Teil des Geschäfts, den schmalen Gang hinter der Kasse entlang. Ich beobachtete, wie sie lief, war fasziniert, losgelöst und erwartete, daß die Mitte ihres Rückens, er bot so ein großes und leichtes Ziel, jeden Augenblick blutgetränkt sein würde.

In mir entstand ein Gedanke, der langsam, wie eine Luftblase in einem stillen Teich, an die Oberfläche meines Verstandes aufstieg: »Ach«, sagte dieser Gedanke sanft und bedauernd, »ach, das Baby«.

Drei Monate zuvor hatte ich Hedley geboren. Sie war oben, in unserem lavendelfarbenen Zimmer in ihrer mit Spitze verzierten Wiege. Meine Brüste waren voll mit Milch für sie. *Ach, das Baby.*

Als die junge Frau wie ein Kaninchen in seinem Bau im hinteren Teil des Geschäfts verschwand, drehte ich meinen Kopf dorthin, wo der Gangster gestanden hatte. Er war verschwunden. Ihr Schrei muß ihn ebenso sehr schockiert haben wie sie der Anblick seiner Waffe. Es war wirklich ein beeindruckender Schrei gewesen. Er war also auf und davon. Offenbar hatten sich die beiden voneinander abgestoßen, so wie sich die gleichen Pole zweier Magnete abstoßen. Beide waren verschwunden.

Ich ging in den hinteren Teil des Geschäfts und dann in das Kellergeschoß, wo die Verkäuferin und ihre zwei Kolleginnen dicht zusammengedrängt saßen, sie weinend und die anderen beiden blaß und angemessen verängstigt. Ohne Zweifel waren sie nicht darauf gefaßt, mich hier unten zu sehen.

Ich teilte ihnen das Verschwinden des Gangsters mit, schlug ihnen vor, die Polizei anzurufen und ging dann ruhig hinauf in meine Wohnung, um nach dem schlafenden Baby zu sehen. Wie würde es jetzt wohl für eine Mutter aussehen, die soeben gestorben war?

Mir kam dieser Gedanke, weil sicherlich diese Folge ebenso wahrscheinlich gewesen wäre wie die andere, die sich tatsächlich ereignet hatte. Die Angstwoge, von der die Verkäuferin überrollt worden war und die uns wahrscheinlich das Leben gerettet hatte – dafür danke ich Gott –, diese Woge hatte mich nicht erfaßt, nicht, überhaupt nicht. Da war kein Adrenalinstoß, kein beschleunigter Puls, kein kalter Schweiß, nur dieser eine aufrichtige Gedanke: *Ach, das Baby.*

Nun, vielleicht glauben Sie, daß ich einen Schock hatte oder meine Gefühle unterdrückte oder mich in irgendeinem durch das Trauma herbeigeführten, barmherzig losgelösten psychologischen Zustand befand. Das war nicht der Fall.

Es gab auch keinen verspäteten Schock – nichts, das mich Tage oder Wochen später mit der Erkenntnis schlug: »Oh, mein Gott, beinahe wäre ich tot gewesen.« Nein. Ich habe viel über den Tod gelesen und über ihn nachgedacht, und weil ich mit nützlichen und guten Informationen ausgerüstet bin, mit jenen, die ich jetzt hier mit Ihnen teile, deshalb habe ich keine Angst vor dem Tod. Auch Sie müssen keine Angst vor dem Tod haben.

Angst ist aufregend

Ist Angst immer der Feind? Manchmal spielen Menschen absichtlich damit, weil Angst so aufregend ist und wegen der momentanen Unterhaltung, die sie bietet. Zum Beispiel: die Lust an einer Achterbahnfahrt, der Sprung aus dem Flugzeug und die in letzter Minute angerissene Leine des Fallschirms, der Bungee-Sprung, die Wildwasserfahrt, das Klettern ohne Sicherung.

Ihnen fallen bestimmt viele weitere Beispiele ein. Welche Annahme steckt dahinter, daß der Mensch mitunter absichtlich mit der Angst flirtet, sozusagen sein Leben in seine Hände nimmt? Es ist die Annahme, daß er überleben wird!

Wenn wir uns unseres Überlebens nicht ganz sicher wären, würden wir nicht unseren Körper aus einem Flugzeug fallen

135

lassen. Wir würden nicht den vordersten Wagen in der Achterbahn besteigen und ganz gewiß nicht in einem Stoffkajak oder Gummiboot irgendwelche Stromschnellen hinunterrasen. Oder?

Was ist also die Belohnung, wenn Menschen freiwillig mit dem Feuer spielen? Es ist die Intensivierung unseres irdischen Lebens, nicht wahr? Es ist wie eine neue Brille, durch die unsere gewöhnliche Realität einfach nicht mehr wie früher aussieht. Und wir genießen diese Veränderung, diese Erweiterung des Blickwinkels, diesen Augenblick, der uns Raum und Zeit vergessen macht. Es ist aufregend – solange wir sicher sein können, daß es einen Rückweg gibt.

Nun, die Angst vor dem eigenen Tod – diese atemberaubende, luftabschnürende, herzjagende Angst, die fast alle spüren, wenn der Arzt sagt: »Sie haben Krebs« oder »Sie haben Aids« oder »Sie haben noch drei Monate zu leben« –, auch sie kann als aufregend empfunden werden. Aber nur dann, wenn man weiß – ich meine *absolut sicher weiß* –, daß man nicht in Gefahr ist.

Stellen Sie sich das vor

Sie befinden sich im vordersten Wagen der Achterbahn. Langsam arbeitet er sich den steilsten der Berge empor. Dann kommt ganz oben diese kleine Pause, in der Sie – mit einem nervösen Lachen – nach unten blicken und den senkrechten Fall sehen, der Ihnen nun bevorsteht. Jetzt gibt es kein Zurück mehr. Sie umklammern den Bügel. Sie schreien. Ist es Entsetzen oder Freude?

Sie wissen, daß die Achterbahn hundert Prozent sicher ist – Sie wissen genau, der Zug wird in drei Minuten neben der Plattform einfahren, und die Fahrgäste werden dann aussteigen. Sie machen die Fahrt mit. Der Tod ist vollkommen sicher. Und die Angst ist einfach aufregend, gefiltertes Entsetzen.

136

Wie man die Angst vor dem Tod ablegt

Sie werden sich in die Tatsachen, die ich Ihnen dargelegt habe, vertiefen müssen. Es ist für Sie an der Zeit zu begreifen: Sie sind mit Ihrem Körper nicht identisch, und Sie werden sein Ableben überleben. Sie sind definitiv *nicht* das, was Sie essen. Damit Sie fest daran glauben können, daß Sie sich vor dem Tod nicht mehr zu fürchten brauchen, bedarf es einiger Übung.

Einem Menschen, bei dem kürzlich eine lebensbedrohliche Krankheit diagnostiziert wurde, fehlt es gewiß nicht an Motivation, und er kommt mit dem vorliegenden Material sehr schnell zurecht. Teilnehmer meines Kurses »Start the Conversation« (»Das Gespräch beginnen«) erfassen es manchmal schon innerhalb von Minuten – längstens aber dauert es sechs Wochen. Es hängt davon ab, wie dringend es Ihnen ist, ob Sie bereit sind, alte Glaubenssätze fahrenzulassen, nachzudenken und zu lesen. Nun wollen wir uns dem Thema Trauer und auch der Angst vor der Trauer zuwenden.

Wie man Trauer ausmerzt

Sobald Sie erst einmal durchschauen, was wirklich passiert, wenn ein Mensch stirbt, werden Sie auch keine Trauer mehr spüren. Erinnern Sie sich an das Brüllen des Löwen – im Dschungel oder im Zoo? Der Reiz ist ein und derselbe – das Brüllen des Löwen direkt neben Ihnen –, und doch sind zwei völlig verschiedene Reaktionen möglich. Wie Angst verliert auch Trauer ihre Wirkung, sobald Sie *wissen*, daß der verstorbene geliebte Mensch nicht ausgelöscht, fortgeschafft, ausradiert, zerstört wurde.

Die Sache hat nur einen Haken: Sie müssen dies wissen, *bevor* der Tod auftritt und nicht hinterher. Sonst ist der Schock darüber, daß Sie den körperlichen Zugang zu einem geliebten Menschen verloren haben, zu groß, vor allem wenn der Verlust plötzlich und unerwartet kam. Sobald der Schock erst einmal von einem Menschen Besitz ergriffen hat, ist es praktisch unmöglich, auch noch einen einzigen klaren Gedanken zu fassen. Neue Perspektiven können nur schlecht oder überhaupt nicht aufgenommen werden. Auch ist es nicht möglich, den Mut aufzubringen, die in dieser Situation natürlichen Gefühle zuzulassen. Statt dessen versuchen vor allem Männer, sich zusammenzureißen und ahnen nicht, welchen Schaden sie damit ihrer Fähigkeit zufügen, überhaupt irgend etwas zu fühlen, auch wenn diese Haltung dazu beiträgt, in den ersten Tagen weiterhin funktionsfähig zu sein.

Beim Nachdenken über den Verlust eines geliebten Menschen muß man den gravierenden Unterschied erkennen zwischen Trauer – eine bodenlose Grube des Leids, in die ich vor über dreißig Jahren fiel, als meine Mutter starb – und Traurigkeit, die ein gutes Gefühl sein kann, das bereichernd und vertiefend wirkt, während es das Herz durchströmt.

Geschehen alle notwendigen Vorbereitungen in ausreichendem Maße, und ist die Überzeugung gefestigt, daß die geliebten Menschen überleben werden, dann ist Traurigkeit und nicht Trauer das Gefühl, welches bei jedem Tod erfahren wird.

Im folgenden zeige ich Ihnen eine Möglichkeit, wie Sie den Unterschied zwischen Trauer und Traurigkeit erfassen können.

Die Abreise

Stellen Sie sich vor, ein geliebter Mensch – Ihr Sohn oder Ihre Tochter, Ihr Ehepartner oder Lebensgefährte, Ihr Bruder oder Ihre Schwester, Ihr bester Freund oder Ihre beste Freundin – hat eine entscheidende Beförderung erhalten, die jedoch von ihm/ihr verlangt, nach Paris oder New York umzuziehen oder an irgendeinen anderen weit entfernten, aber wundervollen Ort, viele Zeitzonen entfernt.

Gemeinsam bereiten Sie sich seit Wochen darauf vor. Sie haben all der schönen Augenblicke gedacht und alle bisher unerledigt liegengebliebenen Angelegenheiten zu Ende gebracht. Dann packen Sie zusammen, und Sie beladen das Auto.

Schließlich befinden Sie sich auf dem Weg zum Flughafen, Ihre Herzen sind voll – alles ist bereits gesagt worden –, Sie sind still und voller Frieden.

Nun wird der Flug aufgerufen. Vor der Paßkontrolle umarmen Sie sich ein letztes Mal. Tränen sammeln sich in Ihren Augen. Sie werden einander keine Briefe schreiben – Sie beide wissen das. Und nach ein oder zwei Telefonanrufen wird jeder von Ihnen sich in seinem neuen Leben einrichten – ein Leben, das den anderen nicht einschließt. So wird es sein.

In Ihrem Auto auf dem Weg nach Hause sind Sie voller Gefühle. Ihr Herz fühlt sich schwer an, denn dies ist kein Tag wie jeder andere. Heute sind Sie sich mehr als an jedem anderen Tag, den Sie mit diesem Menschen verbracht haben, der tiefen Gefühle bewußt, die Sie für ihn hegen.

Er ist ein ganz besonderer Mensch, so liebenswert. Und Ihre gemeinsame Zeit war so schön. Gerade jetzt scheint er Ihnen in seiner einzigartigen Individualität besonders klar vor Augen zu stehen – jede Facette seiner komplizierten Persönlichkeit erstrahlt vor Ihrem inneren Auge. Ihr Herz fließt über vor einem besonderen Gemisch aus Liebe und Sehnsucht. Sie werden ihn furchtbar vermissen.

Aber Sie werden nicht weinen, denn Sie wissen, daß der geliebte Mensch in einem Flugzeug nach Paris oder Amerika sitzt. Er ist nicht ausgelöscht worden. Er lebt, und es geht ihm gut. Ihre trübe Stimmung in den folgenden Stunden, Tagen oder Wochen ist ein vorübergehender, zeitlich begrenzter Zustand, den man Melancholie oder Traurigkeit nennt. Um Trauer handelt es sich nicht. Und es gibt viele interessante Möglichkeiten, mit diesem normalen und vollkommen angemessenen Gefühlskomplex, den man unter dem Begriff Traurigkeit zusammenfaßt, zu arbeiten und sich an ihm zu erfreuen. Einige Seiten weiter werde ich Ihnen hierzu Vorschläge machen.

Zweifeln Sie daran, ob der intensive Schmerz der Trauer *allein* auf der falschen Vorstellung von der Auslöschung beruht? Damit haben Sie recht. Trauer beinhaltet eine weitere wichtige Komponente, an die ich Sie nun erinnern will. Es handelt sich um diese unangenehme Angelegenheit, mit der ich Sie gleich zu Beginn des Buches konfrontiert habe, nämlich um das Kleingedruckte in Ihrem Vertrag und um die Bedingungen für den Gebrauch Ihres Körpers.

Vor allem dann, wenn der Tod des geliebten Menschen unerwartet, plötzlich, »vor der Zeit« eingetroffen ist, wird die endlose, schmerzliche Klage erhoben: »Warum ich? Warum so? Warum jetzt?« Der Zurückgebliebene hat es versäumt, den Vertrag des Verstorbenen zu lesen. Deshalb kommt die Qual in den folgenden Fragen zum Ausdruck: »Warum meine Mutter? Warum mein Sohn? Warum mein Mann, mein bester Freund? Warum, in Gottes Namen, muß das so sein?«

Ich fragte eine vierzehnjährige Schauspielerin, deren Mutter vor kurzem an Dickdarmkrebs gestorben war, ob ihr Schmerz dadurch hätte gemildert werden können, wenn sie schon vor der Diagnose erkannt hätte, daß ihre Mutter sicherlich eines Tages an irgend etwas sterben würde. Sie dachte ein paar Sekunden nach und sagte dann ruhig: »Ja, das hätte einen großen Unterschied für mich bedeutet.«

Ein zweiter Besuch bei Lily

Ich hatte bereits angekündigt, daß ich mich noch einmal mit der Geschichte von Lily und Frank befassen würde. Ihre Situation war deshalb so interessant, weil Frank an dem Tag seines Herzanfalls im Squash-Zentrum und seines vermeintlichen Todes sozusagen in den Himmel und Lily in die Hölle kam. Sie saß neben ihrem Liebsten und mußte zusehen, wie er starb – mitten in einem Satz, vollkommen unerwartet, gerade als sie beide glaubten, die Krise sei überwunden und er in Sicherheit. Welch grauenhafte Vorstellung!

Franks Überleben, seine beruhigende Geschichte, daß er sich »tot« so selig gefühlt habe und selbst das anhaltende Fehlen von Angst vor der unvermeidlichen Tatsache, daß er eines Tages wieder würde sterben müssen – all dies tröstete Lily nicht besonders. Sie litt, auch als ich ihr drei Jahre später das erste Mal begegnete, noch immer unter den Folgen jenes grauenhaften Schocks, den sie damals hatte aushalten müssen.

Lily mußte einen doppelten Schlag einstecken: Erst Franks Herzinfarkt nach dem Squash, anschließend die wunderbare Phase, in der sie glaubte, alles sei wieder in Ordnung und er habe es überstanden, und plötzlich, in dem Augenblick, als sie am wenigsten damit rechnete, der größte Schlag, sein offensichtlicher Tod. Schrille Alarmglocken – die Hektik des medizinischen Personals, von dem sie aus dem Zimmer getrieben wurde. Was hätte die Situation noch verschlimmern können? Vielleicht die Tatsache, daß sich all dies an ihrem Geburtstag ereignete.

Der Schock sitzt Lily noch tief in den Knochen. Und nicht etwa, weil sie Frank nicht glaubt, wenn er sie daran erinnert, daß er noch immer er selbst ist. Lily steht nicht mehr völlig im Bann der falschen Vorstellung von der Auslöschung, wenigstens nicht auf der Verstandesebene. Aber das Ereignis war in einem Moment eingetreten, als sie vollkommen unvorbereitet war, als sie daran glaubte, wie dies die meisten Menschen tun, der Tod würde sie beide erst in Jahrzehnten besuchen, wenn ihre ersten Enkelkinder erwachsen wären und sie nichts anderes mehr zu tun hätten, als sich schlafen zu legen – gemeinsam.

Das Leben gegen Schock sichern

Vielleicht geht die Geschichte für Frank und Lily tatsächlich so aus, wie Lily sich das erträumte. Um ihres Glückes willen wünsche ich den beiden das sehr. Aber es gibt absolut keinen

141

Grund, warum es sein *muß*. Wie also kann man alle Beziehungen gegen den Schock sichern, den die zwangsläufige Trennung mit sich bringt, damit der Zurückgebliebene nicht wie ein Kartenhaus in sich zusammenfällt?

Schockdämpfer

Lesen Sie noch einmal Ihren Vertrag. Prägen Sie sich die wichtigsten Punkte ein. Sie sind unmißverständlich: jederzeit, allerorts, jeder, den ich liebe, und auch ich selbst. Der Tod *wird* kommen. Es gibt keinen anderen Weg. Und es gibt keinen Tod.

Es gibt keinen Tod. Das ist die Einsicht, die immer dann folgt, wenn die Firma Falsche Vorstellung von der Auslöschung & Co KG Pleite macht. Um zu diesem Schluß zu gelangen, müssen Sie jedoch das Offensichtliche ruhig durchdenken können.

Das Brüllen des Löwen. Wenn Sie daran denken, daß die neurologischen Verbindungen den Zweck haben, Ihre Trauer in eine andere Erfahrung – wir wollen sie Traurigkeit nennen – zu verwandeln, was können Sie dann tun, falls Sie noch nicht ganz davon überzeugt sind, daß die Person, die Sie verloren glauben, auch weiterhin lebt – aus praktischen Erwägungen in einer anderen Stadt?

Kann man das wirklich in den Griff bekommen? Auf jeden Fall! Die natürlichen Eigenschaften des Verstandes sind auf Ihrer Seite. Denn selbst wenn man den Verstand so anspricht, als *würde* man an etwas glauben, veranlaßt man ihn damit, sich dieser vorgestellten Überzeugung anzuschließen.

Mit anderen Worten, wenn Sie das Wissen erwerben und stärken wollen, daß der geliebte Mensch in eine andere Stadt versetzt und nicht zerstört wurde, dann müssen Sie Ihren Verstand entsprechend trainieren. Das ist nicht schwer, bei weitem nicht so schwer wie das Leid, in dem Sie steckenbleiben, wenn Sie Ihren Verstand nicht trainieren. Versuchen Sie also die folgenden Schritte.

Unterhalten Sie sich mit Ihrem konventionell orientierten Verstand einmal so, als *wüßten* Sie, daß Ihre Vorstellung von dem Umzug und nicht die falsche von der Auslöschung zutrifft. Stellen Sie sich vor, Sie *wüßten*, Ihre Freundin Annie wird bald sterben. Das Gespräch zwischen Ihnen (dem Zeugen Ihres Lebens) und Ihrem Verstand könnte folgendermaßen verlaufen:

Ihr Verstand schlägt Ihnen mit einem der folgenden Sätze in die Magengrube: »Du wirst Annie nie wiedersehen (nie wieder mit ihr sprechen, sie nie wieder in den Arm nehmen, nie wieder von ihr hören, nie wieder mit ihr verreisen, nie wieder ...). Du mußt dich furchtbar fühlen. Was könnte schlimmer sein?«

Sie entgegnen: »Was soll das? Annie ist nur umgezogen. Ich werde *heute* nicht mir ihr reden, das stimmt. Nur heute nicht.«

Der Verstand haut wieder in die gleiche Kerbe: »Ja, aber sie ist tot, weißt du. Du wirst nicht wieder mit ihr reden. *Nie wieder!* Merke dir das, falls du dir etwas vormachst. Nicht nächste Woche, nächsten Monat und auch nicht nächstes Jahr.«

Sie antworten: »Also hör mal, was mich betrifft, so ist Annie heute nicht da, weil sie die Stadt verlassen hat. Erklär mit bitte hier und jetzt den Unterschied zwischen der Annie, die die Stadt verlassen hat, und der Annie, die du tot nennst. Ich will, daß du dich dabei auf den heutigen Tag und *nur auf den heutigen Tag* beschränkst und mir den Unterschied, irgendeinen Unterschied, zeigst, zwischen der toten Annie und jener, welche die Stadt verlassen hat.«

Der Verstand sagt: »Darüber sprechen wir noch.«

Haben Sie bemerkt, wie Sie von Ihrem Ich zurücktreten müssen, damit Sie die Argumente Ihres Verstandes klar genug wahrnehmen und darauf reagieren können? Hier *brauchen* Sie Ihren Zeugen wirklich. Es ist in Ordnung, das Ich zu verwenden, wenn Sie dem Verstand Gegenargumente liefern, da es sich hierbei um das tatsächliche Ich handelt – den Zeugen des Wachzustands.

143

Ihr Verstand *wird* sich zu diesem Thema ohne Zweifel noch einmal bei Ihnen melden. Aber einen wirklichen Unterschied zwischen »tot« und »die Stadt verlassen« wird er Ihnen nicht liefern, denn *jetzt* gibt es keinen.

Ich will Ihnen von der Erfahrung erzählen, die mir erstmals die Gewißheit gab, daß dies zutrifft.

Was ist der Unterschied?

1977 entschloß ich mich, einen Aschram – also eine Art Hindu-Kloster – in Indien aufzusuchen, um mich in der Meditation zu versenken und meine Beziehung zu Gott, wer auch immer das ist, zu untersuchen.

Ich schleppte damals noch immer, mehr oder weniger seit meiner Kindheit, eine enorme Last emotionalen Schmerzes mit mir herum. Außerdem hatte ich mich bisher keinesfalls von dem zwölf Jahre zurückliegenden Tod meiner Mutter erholt. Ich humpelte zudem gerade aus einer gescheiterten ersten Ehe. Und ich war erschöpft davon, die alleinerziehende Mutter eines wunderbaren, aber schwierigen kleinen Jungen zu sein. Mit anderen Worten, ich war verzweifelt. Man könnte auch sagen, daß ich eine hochmotivierte Suchende war. Der irritierende Gegenstand unter dem Sattel meines Pferdes hatte das Format eines Felsblocks.

Mein Sohn zog begeistert bei seinem Vater und seiner Stiefmutter ein, und ich veräußerte meinen gesamten Besitz – Bücher, Möbel, ein Klavier, Pflanzen, Kleidungsstücke, alles –, gab meine schöne Wohnung auf, von der ich glaubte, sie niemals aufgeben zu müssen. Und ich machte mich auf den Weg zur anderen Seite der Welt.

Während der ersten neun Monate meines Aufenthalts in Ganeshpuri hatte mich die Trauer über den Verlust meines Sohnes ununterbrochen im Griff. Es ist wahr, ich selbst hatte mich dazu entschieden, ihn zu verlassen, und ja, es hatte keine andere Möglichkeit gegeben. Dennoch weinte ich jeden Tag um ihn und schlief abends voller Sehnsucht nach ihm ein. Welche

positiven Folgen das heilige und disziplinierte Leben im Aschram auch später für mich haben sollte, die Sehnsucht nach meinem Sohn Clement war das alles andere überlagernde Thema
meines Verstandes. Ich litt kummervoll unter seiner Abwesenheit.

Dann, eines Nachts, hatte ich den folgenden Traum:

*Clement, sein Vater und seine Stiefmutter betraten gemeinsam
das Haus in New York, in dem sich ihre Wohnung befand. Es
regnete leicht, und sein Vater hielt einen Regenmantel über die
Köpfe seiner Familie, um sie zu beschützen. Diese Geste be-
merkend und mir dessen bewußt seiend, daß ich dies träumte,
dachte ich: »Das ist rührend und lieb; er liebt sie wirklich.«
Gleich dahinter lauerte ein anderer dunklerer Gedanke: Du
kannst niemanden beschützen; du machst dir selbst etwas vor.*

*Alle drei betraten den Aufzug, und Clement, der bemerkte,
daß ein Teil der Deckenverschalung fehlte, als ob sich jemand
Zugang zum Motor dort oben verschafft hatte, fragte, ob er
nicht dort oben mitfahren könne.*

*»Natürlich«, antworteten seine Eltern, und er kletterte hin-
auf.*

*Als sie den zehnten Stock erreichten, rief seine Stiefmutter zu
ihm hinauf: »Clement, hast du deinen Schlüssel? Wir sind da.«
In die anhaltende Stille hinein hörte man das beängstigende
Geräusch von etwas, das über den Rand der Aufzugskabine
rollte, nach unten in den Schacht sauste und mit einem dump-
fen Aufschlag zehn Stockwerke tiefer aufschlug.*

*Wellen des Entsetzens rollten über mich hinweg. Ich sah
zu, wie seine Eltern, die sich weigerten, das zu glauben, was
sie gehört hatten, erneut wegen des Schlüssels zu Clement
hinaufriefen. Dann wurde ihnen klar, daß er gefallen war,
schmerzlos, im Schlaf (die kapriziöse Logik des Traums) und
nun tot war. Schock. Und Schmerz jenseits des Erträglichen.
Mein Herz brach in diesem Augenblick für sie, vor allem für
seinen Vater, der den Jungen liebte und ihn immer nur hatte beschützen wollen.*

145

In diesem schrecklichen Augenblick wachte ich auf. Mein Sohn war gestorben. Mein Herz schlug heftig, das Adrenalin raste durch meinen schweißgebadeten Körper. Die große Aschram-Uhr schlug die Stunde: *bong*, eins.

Mein Verstand blieb noch einige Sekunden lang in das Entsetzen dieses Traums versenkt. Und dann drang das Wachbewußtsein langsam zu mir durch. Unglaubliche Erleichterung überflutete mich. Clement lebte, und es ging ihm gut in New York. Sein Tod war ein Traum gewesen. Oder? Ich konnte ihn körperlich nicht erreichen. Konnte ihn nicht in die Arme nehmen, an mich drücken und auch nicht sein süßes Gesicht betrachten. Und im Aschram gab es kein Telefon, so daß ich also nicht einmal seine Stimme hören konnte, wollte ich nicht Stunden bis nach Bombay fahren, um von dort zu telefonieren. Auf dem einzigen Foto von ihm, das ich das ganze Jahr gesehen hatte, war er für Halloween verkleidet – als Dracula.

Auf welche Weise half mir das Wissen, daß er lebte, da ich ihn doch so sehr vermißt hatte? Was war der große Unterschied zwischen dem Wissen im Wachzustand, daß mein Junge lebte, und jenem im Traum, in dem er gestorben war? Lebendig-tot, tot-lebendig, lebendig-tot, tot-lebendig – die beiden Realitäten flackerten in meinem Verstand schneller und schneller hin und her. Auf einmal waren sie ein und dasselbe. In diesem Augenblick schlug die Uhr. Und Clement hatte tatsächlich den Schlüssel.

Kann eine solche Einsicht den Test überdauern, in dem ein sehr geliebter Mensch erst gesund und stark und dann krank ist und schon bald im Sterben liegt? Um diese Frage zu beantworten, will ich Ihnen eine Geschichte aus meinem späteren Leben erzählen. Vielleicht können Sie die Dinge ebenso sehen.

Michael verläßt die Stadt

Michael war ein außergewöhnlicher Mensch. Irgendwie gelang es ihm, zu jedermann gleichermaßen liebenswürdig zu sein – begeistert, freundlich, seinem Gegenüber zugewandt, als sei dieser in jenen Augenblicken der interessanteste Mensch auf der Welt. Und wie gut sah er aus – groß, dunkel und ein feines Gesicht, immer gut, klassisch, nie protzig gekleidet. Er sah aus wie ein Model für Ralph Lauren, aber ohne einen Funken von Arroganz – er war einfach ein natürlicher, charmanter junger Mann. Alle liebten Michael.

Michael trat genau zum richtigen Zeitpunkt in mein Leben. Meine Arbeit bei God's Love We Deliver trieb mich an die Grenzen meiner Leistungsfähigkeit, und zugleich versuchte ich für Hedley, die damals drei Jahre alt war, eine gute Mutter zu sein. Ich war ständig erschöpft, aber was noch schlimmer war, ich fühlte mich schrecklich einsam.

Nicht einer meiner alten Freunde war damals in New York. Ich war zu müde und zu beschäftigt, um mir neue Freunde zu suchen, und obwohl ich den ganzen Tag bei der Arbeit von wunderbaren Menschen umgeben war, sorgte meine Position als Chefin dafür, mich zu isolieren. Da ich mir mit meinen Angestellten keinen persönlichen Umgang erlauben konnte, hatte ich niemanden, bei dem ich die Maske fallen lassen und einfach ich selbst sein konnte – bis Michael kam, der an einem wunderschönen Tag als freiwilliger Koch zu uns stieß.

Jeden Dienstag kam er hereingeschneit, um die vierstündige Schicht in der Küche zu überwachen. Und dann, wenn ich in der Gegend war, was ich nach einer Weile immer einzurichten versuchte, zog er mich in die Abgeschiedenheit des Kühlraums, um mich in die Arme zu nehmen, mich damit zugleich aufmunternd und mir zwischen den Kübeln mit gehackten Zwiebeln und frischer Hühnerbrühe meine Würde bewahrend.

»Wie geht es dir, Püppchen? Du siehst wunderbar aus. (Tatsächlich bemühte ich mich an Dienstagen recht auffallend in dieser Hinsicht.) Warst du brav? (Das war unser Scherz – welche Möglichkeiten hatte ich auch, es nicht zu sein?) Ich muß jetzt kochen gehen. Werde dich später noch einmal abfangen.« Und fort war er.

Warum diese wöchentlichen Umarmungen meine Situation so stark veränderten, kann ich wirklich nicht sagen. Aber so

147

war es, und ich schloß Michael ins Herz. Ich war ihm so dankbar für seine Ermutigung, obwohl ich genau wußte, daß Michael mit allen anderen ebenso liebenswürdig war.

Jeden Mittwochmorgen um Viertel vor elf waren wir fest verabredet. Michael lenkte den großen, schwarzen BMW seines Lovers vor mein Büro, und gemeinsam sausten wir (immer weit über der erlaubten Geschwindigkeit und mit mir hinter dem Steuer) den West Side Highway entlang nach Harlem, um dort den ARC Gospel Chor zu hören. Ach, welche Freude uns ihre Musik bereitete! Wir waren so glücklich, daß wir diesen Chor hören durften.

Köstlicher konnte das Leben nicht sein. Das scheint mir nach wie vor zu treffen. Und wenn ich genug Zeit habe, gehe ich noch immer hinauf zur Mt. Moriah, der Kirche der Baptisten, um ihren Chor singen zu hören.

Es war Michael, der darauf bestanden hatte, daß ich meine Gedanken zum Tod mit den Menschen teile, die wußten, daß sie bald sterben würden. Ich selbst hatte nie das Gefühl, daß ich schon genug wußte, um irgend jemandem etwas beizubringen. Angst war vor allem mein Problem – ist das nicht immer so? Doch Michael brachte mich in das Manhattan Center for Living, wo niemand das T-Wort je in den Mund nahm, obwohl alle dort den Tod schon mit Händen fassen konnten.

Vorherrschend war dort eine zweideutige esoterische Redeweise. Alle waren nur dort, um »geheilt« zu werden. Außerdem war jeder selbst für seine »Heilung« verantwortlich. Daher mußte man, wenn man immer kränker wurde – und wer wurde das dort nicht –, das Gefühl der Demütigung und des Versagens noch der Tatsache des Sterbens im Alter von fünfundzwanzig oder dreißig hinzufügen.

Meine Meinung war, wie Sie wissen, schon immer, daß hier kein Körper lebend rauskommt. Alle anderen wissen das auch. Aber Leugnen war das ausgewählte Betäubungsmittel in diesem sogenannten Zentrum für das Leben. Und Leugnen verliert immer im schlimmsten Augenblick seine Wirkung, nämlich auf der Intensivstation oder in der Notaufnahme, wenn die tatsäch-

148

lichen Ereignisse einfach nicht mehr geleugnet werden können.

Dieses Leugnen hinderte die Menschen im Manhattan Center for Living daran, sich ihrer Angst zu stellen oder auch nur einander einzugestehen, daß sie Angst hatten. Was für einen traurigen und einsamen, vernichtenden Tod diese Dummheit zur Folge hatte!

Aber Michael hatte einen Sitz im Verwaltungsrat des Zentrums. Also buchte er uns einen Raum für Dienstag um 19.00 Uhr. Er brachte mich auf meinen Platz und hielt meine Hand, als wir gemeinsam einen Anfang suchten. Der Kurs »Start the Conversation« wurde 1989 geboren, wobei Michael die Hebamme war und ich eine schwer und ungeschickt gebärende Rednerin, die versuchte, ihre ernsthafte Annäherung an den Tod einigen verängstigten Aids-Kranken nahezubringen.

Ich lasse Sie an diesen Einzelheiten teilhaben, damit Sie wissen, daß Michael damals der hauptsächliche – ja, eigentlich der einzige – Unterstützter meiner Bemühungen war. Er war nicht etwa einer von vielen mich ermutigenden Freunden, er war der einzige. Ich vermisse ihn noch immer.

Als seine Aids-Erkrankung voranschritt, verlor Michael viel Gewicht und blieb fast die ganze Zeit zu Hause. Mit dem Gewichtsverlust ging auch seine übrige Kraft dahin, und Michael trat in seine »Großvaterphase« ein, wie er sie mit einigem Abscheu und Sarkasmus selbst nannte. Es machte ihm keinen Spaß. »Diese Großvaterphase geht mir auf die Nerven«, sagte er oft bei einem seiner wöchentlichen Anrufe. Weiter jedoch gingen seine Klagen nicht. Er war keiner, der winselte. Kein bißchen.

»Was gibt's Neues, Püppchen?« Michael liebte Klatschgeschichten, und da er alle Mitspieler in meinem täglichen Drama im Büro kannte, war es nicht schwer, ihn mit Kleinigkeiten zu unterhalten. Schon nach wenigen Minuten jedoch war er erschöpft, nicht von meinen Geschichten, ich achtete immer darauf, sie interessant zu gestalten, sondern von der Anstrengung des Telefonierens. »Ich hab dich lieb, Püppchen«, sagte er dann und legte auf.

149

Michaels Wohnung war nur einen kurzen Fußweg von meiner entfernt, und mein Bedürfnis, ihn zu sehen, war wirklich groß. Aber auf meine Frage: »Kann ich vorbeikommen?« (New Yorker kommen nie unangemeldet!), antwortete er immer: »Heute nicht, Püppchen.« Und wenn ich es damit versuchte: »Kann ich dir irgend etwas vorbeibringen?«, dann biß er ebenfalls nicht an. Ich war davon so frustriert, daß ich schließlich sagte: »Ich bin's nur, Michael, läßt du überhaupt niemanden mehr zu dir?«

Darauf entgegnete er: »Sieh mal, Ganga, möchtest du wissen, was geschieht, wenn mich Freunde besuchen? Sie weinen, ich weine, wir umarmen uns, und wir weinen. Das machen wir vielleicht zwanzig Minuten lang. Dann gehen sie fort. Sie fühlen sich besser, und ich fühle mich schlechter – viel schlechter. Wozu soll das gut sein? Wenn du mich liebst, bitte, dann komm nicht! Wenn du mich liebst, dann komm bitte nicht. Ich rufe dich an, aber bitte komm nicht. Ich möchte nicht, daß du mich so siehst. Bitte komm nicht.«

Das letzte Mal sah ich Michael am Valentinstag 1992 – nicht, daß er sentimental geworden wäre und mir eine Audienz gewährt hätte, nicht Michael. Nein, es war im Büro zu einer Auseinandersetzung gekommen, und ich hatte mich furchtbar aufgeregt.

Da ich so angeschlagen war, versprach Michael, mich zum Lunch in einem Restaurant in der Nähe seiner Wohnung zu treffen, um mich aufzubauen. Vor allem spiegelte sein Einverständnis zu diesem letzten gemeinsamen Mittagessen seine außerordentliche Großzügigkeit wider. Er wußte, wie aufgebracht ich war, und er wußte, wie wenig ein anderer als er selbst tun konnte, um mich wieder zu beruhigen. Der Titel »einziger Freund« bringt schwere Verantwortung mit sich.

Er mußte nur drei Häuserblocks weit laufen, aber Michael brauchte ewig, um die Strecke zu bewältigen. Ich schämte mich entsetzlich, weil er mir zuliebe diesen Weg allein hatte zurücklegen müssen, geschwächt und verletzlich, wie er war. Später wurde mir klar, er hätte auf keinen Fall gewollt, daß

150

ich ihn derart schwach und hilflos sehe – diese Würde, dieser Stolz.

Michaels erster Satz, nachdem er sich in den Stuhl hatte fallen lassen, lautete: »Oh, Ganga, was für eine Frau bist du, daß du einen Mann am Valentinstag *aus* dem Bett zerrst?« – Nun verstehen Sie vielleicht, warum ich ihn so sehr schätzte. Er brachte mich zum Lachen. Das war der Trost, den Michael spendete. »Kein hübscher Anblick«, sagte er gern, wenn ich niedergeschlagen war.

Das also war das letzte Mal, daß ich Michael persönlich sah, in dem Fleisch, das ihm noch geblieben war. Er rief mich noch ein- oder zweimal an. Er schwand so schnell dahin. Aber immer sagte er: »Hallo, Püppchen« und erzählte mir, wie sehr ihm die Großvaterphase auf die Nerven ging. Und: Ich solle bloß nicht vorbeikommen, wenn ich ihn wirklich liebte.

Ich erhielt einen Anruf von Michaels Schwester, die mir versichern wollte, daß der Arzt sehr optimistisch bezüglich eines bestimmten neuen Medikaments war, mit dem er versuchte, Michaels jüngsten mysteriösen Fieberanfall zu bekämpfen. Brian, Michaels Arzt, erwartete, daß das neue Mittel jeden Tag greifen würde. Aber inzwischen befand sich Michael im Krankenhaus.

»Ich will Ihnen die Hoffnungen nicht nehmen«, sagte ich so sanft wie möglich, »aber wann kommt Ihre Mutter zurück in die Stadt?«

»Erst in zwei Wochen«, antwortete die Schwester. »Warum, wollen Sie mir etwa weismachen, daß Michael sterben könnte?«

»Was sagt denn der Arzt?« Ich zog den Kopf ein.

»Er sagt, dieses neue Mittel könnte eine Wende herbeiführen. Er sagt, in zwei bis drei Tagen wüßten wir mehr. Er sagt, Michael sei sehr stark.«

Brian kann es ebenfalls nicht ertragen, Michael zu verlieren, dachte ich. Der Schwester riet ich: »Warum ein Risiko eingehen? Wie würde sich Ihre Mutter fühlen, wenn sie nicht rechtzeitig hier wäre? Ich finde, Sie sollten sie anrufen. Würde sie ihn sehen wollen oder nicht?«

Ich hatte die Schwester aus der Fassung gebracht, und sie war nun auf dem Sprung, ihre Mutter noch viel mehr zu beunruhigen. Es ging mich natürlich überhaupt nichts an, aber es war meine einzige Möglichkeit, mich bei Michael dafür zu bedanken, daß er sich am Valentinstag aus dem Bett gekämpft hatte, um mich zu trösten.

Ich fühlte mich ihm verpflichtet und auch der Frau, die ihm das Leben geschenkt und ihm damit auch seinen unvermeidbaren Tod mitgegeben hatte. Für mich blieb die Hoffnung, daß ein anderer Mensch die schwere Aufgabe auf sich nehmen und mich anrufen würde, wenn sich mein Sohn unter ähnlichen Umständen in einem fernen Krankenhausbett auf den Tod vorbereiten würde. Dies ist eine Hoffnung, die alle Mütter teilen.

Meiner Meinung nach sollte Michaels Tod nicht noch weiter hinausgezögert werden, wie dies seine Familie, sein Arzt und sein Lover wollten. Dieser schlaksige, elegante Körper war vollkommen verbraucht. Michael hatte keinen Spaß mehr am Leben, und es war an der Zeit auszuziehen. Wohl wissend, daß er dann immer noch genau der sein würde, der er immer war, nur eben frei von seinen körperlichen Problemen, betete ich für einen leichten und schmerzlosen Auszugstag.

Alle anderen quälten sich natürlich entsetzlich – zweifellos ist es viel schwerer, einen Sohn, Bruder und Lover loszulassen als einen relativ neuen, besten Freund. Diese letzte Woche in Michaels Leben war keine alltägliche Woche für mich. Ich stellte für mich fest: Ich war traurig, aber ich trauerte nicht. In Gedanken war ich unablässig bei Michael, doch es gab keine Tränen. Wir hatten eine so wunderbare Zeit zusammen gehabt.

Da ich wußte, daß Michael im Beth-Israel-Krankenhaus lag, ging ich am frühen Dienstagabend dorthin, einfach nur, um eine Weile in seiner Nähe zu sein. Sehen durfte ich ihn natürlich nicht, denn das war sein ausdrücklicher Wunsch. Ich wollte einfach vor seinem Zimmer stehen, eine halbe Stunde Wache halten und dann wieder gehen.

Es ist jedoch nicht ganz so abgelaufen. Kaum hatte ich mich im Gang vor Michaels Tür aufgebaut, da kam sein Lover den Gang hinunter auf mich zugelaufen. »Dort dürfen Sie nicht hinein! Dort dürfen Sie nicht hinein!« brüllte er mich an.

Eine Welle der Traurigkeit stieg in mir auf und überflutete mein Herz. Zum ersten Mal kamen nun auch Tränen. Ich war so enttäuscht, weil ich meinen Freund nicht sehen durfte, und tief gedemütigt, weil sein Lover auf diese respektlose Art mit mir gesprochen hatte. Doch ich begriff auch, warum er mich auf diese Weise in meiner Freiheit beschnitt. Es war nicht seine Absicht gewesen, so kalt und gemein zu klingen.

Michaels Mutter ging mit steinernem Gesicht und weit jenseits von Tränen vor dem Zimmer auf und ab. Ich drückte meinen Rücken gegen die Wand und kämpfte gegen den Impuls an, die Flucht zu ergreifen. Da kam Michaels Arzt, dessen Liebe zu Michael ebenso groß war wie die meine, und führte mich in ein kleines Besprechungszimmer. Er berichtete mir offen, ehrlich und detailliert von den Vorgängen, die aus medizinischer Sicht in Michaels Körper abliefen. Ich starrte Brian an, als er mir versicherte, Michaels Organe seien grundsätzlich gesund – »wenn es uns nur gelingt, diese kleine Infektion in seinem Gehirn unter Kontrolle zu bekommen …« Meinen Gesichtsausdruck daraufhin richtig deutend, sagte er: »Du glaubst, daß ich mich ins Leugnen flüchte, nicht wahr?«

Was sollte ich dazu sagen? Wir beide wußten genau, was vor sich ging, aber Brian hatte so hart um jeden einzelnen Tag in Michaels letzten sechs Monaten gekämpft, nicht nur aus Pflichtgefühl, sondern aus Liebe. Wer würde gern jemanden wie Michael verlieren?

Ich dankte ihm, daß er sich die Zeit genommen hatte, mit mir so lange zu reden, was er keinesfalls hätte tun müssen. Dann ging ich. Ich platzte schier vor Tränen. Ich fuhr zu »Friends in Deed«, wo sich gerade Cys große Selbsthilfegruppe versammelt hatte. Ich setzte mich irgendwo weit nach hinten und weinte.

Was immer diese Tränen zu bedeuten hatten, sie kamen wie ein Sommergewitter, heftig, kraftvoll und schnell. Ich ging nach

Hause und schlief gut, sehr gut sogar. Im Morgengrauen hatte ich den folgenden Traum:

Michael schaute auf seinem Weg aus der Stadt zu mir herein. Er trug sein hübsches Ralph-Lauren-Jackett. Er war lässig, entspannt, elegant. Aber das war nichts Besonderes. Es war nur einfach eine auf luxuriöse Weise entspannte Begegnung. Zum ersten Mal hatten wir tatsächlich alle Zeit der Welt. Kein Melodrama. Nur eine wortlose, tiefe Liebe. Es war ein vorläufiger Abschied. Mir war bewußt: Ich träumte. Und ich wußte: Michael war gestorben.

Aber letzteres war es nicht, was Probleme schaffte. Ein Problem war es jedoch gewesen, daß ich mich nicht hatte verabschieden können. Also kam Michael vorbei, als sei er auf seinem Weg zum Flughafen, um mir das zu geben, was mir gefehlt hatte, und so viel davon, daß ich schließlich vollkommen zufrieden und im Frieden mit mir selbst war.

Ganz zum Schluß zog Michael seinen Lover in den nebeligen Raum, in dem wir standen, und legte dessen Hand in die meine. »Du kümmerst dich jetzt um ihn für mich«, mehr sagte er nicht dazu. Dann wurde Michaels Gesicht blasser und das seines Lovers klarer und trat deutlicher hervor. Ich bewegte mich fort von dem Traum, innerlich sehr still und zufrieden.

Ich war noch immer wie versunken in der Süße dieses Traums, als eine halbe Stunde später das Telefon klingelte. Es war Michaels Lover, der mir sagen wollte, daß Michael letzte Nacht, am ersten April, gegen elf Uhr gestorben war – was für ein netter kleiner Scherz. Denn in Wahrheit war Michael gar nicht gestorben. Er hatte einfach die Stadt verlassen – stilvoll.

Ich sehe Michaels Lächeln noch immer vor mir und spüre seine ermutigende Liebe. Aber ich habe Michael niemals kummervoll betrauert. Im Augenblick ist er nicht in der Stadt, aber eines Tages wird er mich in irgendeinem traumhaften Auto am Flughafen abholen.

Vorher, währenddessen oder hinterher

Jetzt sagen Sie sich ohne Zweifel: »Ja, ich kann mir vorstellen, daß es für dich so funktioniert, aber mir erscheint das alles eher theoretisch als real. Trauer ist schließlich normal, oder? Jeder, der zum Beispiel ein Kind verliert, wird ganz sicher trauern. Wie könnte es auch anders sein?«

Ganz im Gegenteil, diese Verständnisverschiebung verändert tatsächlich die Art, wie ein Verlust durch Tod erfahren wird. Dies hat sich deutlich gezeigt in den sechs Jahren, die wir nun schon den Kurs zum Umgang mit Trauer gerade den Menschen anbieten, die selbst mit derart starken emotionalen Schmerzen konfrontiert sind.

Wie ich bereits gesagt habe, es ist ein großer Unterschied, ob der Trauernde die neue Perspektive vor, während oder nach dem Verlust kennenlernt. Für alle drei Möglichkeiten erzähle ich Ihnen ein Beispiel, beginnend mit einer Frau, die ihren Sohn verloren hatte, bevor sie den Kurs das erste Mal besuchte.

Peter und Joan

Joan war eine lebhafte Frau in den Mittsechzigern. Sie tauchte etwa vor drei Jahren in einer Gesprächsgruppe auf, die bereits begonnen hatte. Diese Gruppen stehen in der Regel nur den Teilnehmern des sechswöchigen Einführungskurses offen. Sie war adrett gekleidet – wie ein Wildfang im Großmutteralter – und hatte die kraftvolle Persönlichkeit, auf der ihr Stil beruhte. Joans Sohn Peter war vor drei Monaten gestorben, und sie war sowohl schockiert als auch voller Trauer.

Wir rieten ihr – bestanden vielmehr darauf –, daß sie an dem vollständigen Kurs »Start the Conversation« teilnehmen sollte. Nach unseren Erfahrungen ist es für einen Trauernden sehr schwierig und oft schmerzhaft, in eine Gruppe zu geraten, in der die Annahmen über den Tod – daß er nicht endgültig, nicht tragisch und überhaupt nicht die Katastrophe ist, die er zu sein

155

scheint – sich so sehr von jenen unterscheiden, die in dieser Welt die Norm sind.

Aber Joan war unerbittlich. Sie konnte und wollte nicht auf den Einführungskurs warten. Mit den üblichen Trauergruppen hatte sie es bereits versucht, aber es ging ihr nur schlechter und nicht besser – all diese Leute, die sich nur selbst bemitleiden, wie sie es ausdrückte. Joan war grimmig entschlossen, es mit einer neuen Herangehensweise zu probieren. Entschlossen, ihren außerordentlichen Schmerz zu lindern, egal mit welchen Mitteln – sie würde nicht weichen.

Sie versprach, nicht wütend zu werden, wenn wir sie nicht bemitleideten. Jeder in der Gruppe hatte entweder vor kurzem einen sehr geliebten Menschen verloren oder aber versuchte selbst mit Krebs oder Aids fertig zu werden. Joan sagte, sie würde ihr Bestes tun, um zu verstehen.

Also erlaubten wir ihr zu bleiben. Aus verständlichen Gründen war ein Großteil des ersten Abends Joan gewidmet. Hier folgt in gekürzter Form, wie er ablief.

Wandelbarkeit

Joan: Ich habe nie erwartet, Peter wirklich zu verlieren. Wir wußten, daß er HIV-positiv war, aber glaubten nicht, daß er bereits Aids hatte. Wir haben uns nie auch nur vorgestellt, daß er sterben würde.

Gruppe: Der eine oder andere von euch mußte mit absoluter Gewißheit sterben – das trifft auf jede einzelne Beziehung zu –, nicht nur auf deine mit Peter. *Lies deinen Vertrag.*

Joan: Aber ich habe angenommen, daß ich vor ihm gehen würde. Es wird von Müttern nicht erwartet, daß sie ihre Söhne beerdigen müssen. *Wo soll das denn geschrieben stehen?*

Gruppe: Im Verlauf der Geschichte haben Mütter immer ihre Söhne beerdigt – und ihre Töchter. Im größten Teil der Entwicklungsländer müssen Frauen fünf oder sechs Kinder gebären, nur um eins heranwachsen zu sehen. *Mach dir die größeren Zusammenhänge klar.*

156

Joan: Aber er fehlt mir so sehr. (Die Tränen begannen, ihr die Wangen hinunterzulaufen.) *Aber diese Trennung war unvermeidbar. Bis der Tod uns scheidet, gilt für jeden einzelnen von uns. Ein anderes Ergebnis gibt es nicht.*

Gruppe: Du kannst das Gefühl des Verlusts auch als Maß deiner Liebe zu ihm begreifen. Wie tief gehen diese Gefühle? Wieviel Liebe ist da? *Die Natur der Liebe schließt Sehnsucht immer mit ein.*

Joan (mehr Tränen): Wir standen uns immer so nahe!

Gruppe: Nur wenige Menschen lernen eine derartige Liebe kennen. Du und Peter wart damit gesegnet, so viel Freude an euerer gegenseitigen Gesellschaft zu haben und in der gleichen Stadt zu leben. Ist er je auf eine längere Reise gegangen, oder hat er je außerhalb der Stadt gewohnt?

Joan: Ja, einen Sommer hat er am Amazonas verbracht. Mich haben die Sorgen um ihn fast verrückt gemacht.

Gruppe: Was geschah also mit deiner Liebe? Verschwand sie, als er fortging?

Joan (empört): Natürlich nicht! Wie könnt ihr so etwas annehmen?

Gruppe: Wir haben das nicht angenommen – genau darum geht es. Die Liebe ist immer da, auch wenn Peter es nicht ist – die Beziehung besteht aus Liebe, nicht aus körperlich-geographischer Nähe. Und wie hat sich deine Liebe zu Peter verändert, seit er gestorben ist?

Joan: Wenn sie sich überhaupt verändert hat, dann ist sie stärker geworden. Ich denke die ganze Zeit an ihn. *Die Liebe selbst bedarf keiner körperlich-geographischen Nähe.*

Gruppe: Das genau meinen wir auch. Welchen Teil nimmt er jeden Tag in deinen Gedanken ein? Einen großen. Nun, was wäre, wenn Peter, statt tot zu sein, derzeit mit einem Schlauchboot den Amazonas entlangfahren würde? Auf welche Weise würde das, was du jetzt gerade durchmachst, anders sein? *Trauer basiert auf der falschen Annahme von der Auslöschung.*

Joan: Es wäre vollkommen anders! Wenigstens wüßte ich, daß

er irgendwo am Leben ist! *Er wäre nicht ausgelöscht worden.*

Gruppe: Er *ist* irgendwo am Leben. (An dieser Stelle präsentierten wir ihr die Beweise des Überlebens, die ich bereits in den Kapiteln vier, fünf und sechs vorgestellt habe.)

Joan: Wenn also das stimmt, was ihr behauptet, dann quäle ich mich ja völlig umsonst!

Darüber lachte die Gruppe herzlich, und auch Joan mußte lachen, wenn auch die Tränen der Trauer, der Liebe und Sehnsucht nach Peter noch immer ihre Wangen hinunterliefen.

Wir hatten mit Joan weniger als eine Stunde gearbeitet, und sie hatte sich von jemandem, der von Trauer überschwemmt war, in eine Frau verwandelt, die trotz ihrer Trauer einen Weg gefunden hatte, über sich selbst und ihre Besessenheit von Peter zu lachen.

Lassen Sie mich erzählen, wie es Joan weiter erging. Ihre Trauer über Peters Tod war keine kleine Angelegenheit. Selbstverständlich verschwand sie nicht nach einer einzigen Sitzung. Tatsächlich trägt sie auch heute noch Spuren davon in sich, wenn Joan auch jetzt vor allem mit ihrer Traurigkeit und einem tiefen Bedauern über Peters Tod fertig werden muß.

Seit dieser ersten Begegnung kam Joan jahrelang regelmäßig in den Kurs. Sie sitzt in der ersten Reihe mit ihrer Freundin Gloria, die sie in der Zeit ihrer schlimmsten Trauer stützte. Gloria ist eine verläßliche Freundin.

Nach und nach gelang es Joan, ohne Tränen über Peter zu sprechen, die im ersten Jahr bei dieser Gelegenheit jedesmal heftig flossen. Ich erwähne das nur, um Ihnen klarzumachen, daß unsere Herangehensweise an die Trauer nicht den natürlichen Tränenfluß erstickt.

Hier geht es nicht darum, etwas zu unterdrücken oder den Verstand zu einer künstlichen und unhaltbaren Einstellung zu zwingen. Man kann den Verstand zu gar nichts zwingen; man muß ihn auf seiner Seite haben, und das ist es, was wir versuchen.

Joans Trauer war im ersten Jahr so stark, daß sie keines der vorgeschlagenen Bücher lesen oder ihren Verstand dazu benutzen konnte, um ihr Verständnis dessen, daß Peter am Leben und, im Augenblick, nicht in der Stadt war, auszubauen. Sie wiederholte immer die gleiche Frage, wie einen Refrain: »Warum habe ich darüber bloß nichts gewußt, *bevor* Peter gestorben ist?«

Joan hat das starke Gefühl, daß diese Herangehensweise sie gegen das, was sie wegen Peter durchmachen mußte, beschützt hätte. In ihrem Fall kann man es nicht sicher wissen. Deshalb möchte ich Ihnen nun Connies Geschichte erzählen.

Connies Geschichte

In der ersten Versammlung von »Start the Conversation« bitte ich jeden, ein paar Worte darüber zu sagen, was ihn oder sie zu diesem Zeitpunkt in den Raum gebracht hat. Und in der Regel, das kann man sich leicht vorstellen, sind die meisten da, weil jemand, den sie lieben, bald sterben muß oder schon gestorben ist. Oft handelt es sich auch um Personen, die in helfenden Berufen arbeiten, vor allem um Krankenschwestern. Zunehmend kommen auch Kranke, die sich selbst darauf vorbereiten wollen, ihren Körper bald zu verlassen.

Die gemeinsamen Themen sind, ganz egal, wie sich die äußeren Umstände voneinander unterscheiden, Angst und Trauer. Am ersten Abend der Zusammenkunft stehen sie immer so dick wie Nebel im Raum.

Connie ist eine verständig aussehende Frau mittleren Alters, nett und munter. Als sie an die Reihe kam, sagte sie etwas, was noch nie jemand vor ihr gesagt hatte.

»Ich habe drei große Kinder«, erzählte Connie. »Und ihr wißt ja, wie Kinder so sind. Gott sei Dank sind sie gesund (so viele der Mütter im Raum sind hier, weil ihre Kinder sterben), aber vor kurzem wurde mir klar, daß jedes von ihnen jederzeit sterben kann. Das ist möglich. Warum nicht? Und dann, so fürchte ich, könnte ich den Verstand verlieren. Das ist der

159

Grund, warum ich hier bin. Ich möchte nicht verrückt werden, wenn eins von ihnen stirbt.«

Das war eine Frau, die mir aus dem Herzen sprach. Sie hatte das Kleingedruckte gelesen. Sie hatte verstanden, daß sie nicht nur das Leben, sondern auch den Tod geschenkt hatte – ihn ihren Kindern gegeben hatte, ebenso wie ihre Mutter es bei ihr getan hatte. Jederzeit, allerorts. Eine kluge Frau.

Also hatte sie sich entschlossen, sich der Sache schon vorher zu stellen statt nachher, wenn sie vor Trauer halb verrückt sein würde. Eine mutige Frau. Ein vernünftiger Schritt.

Es war mir wichtig, die Aufmerksamkeit der Gruppe auf Connies Vorsatz zu lenken. Die gleiche Angst, daß der Verlust meines Sohnes auch den Verlust meines Verstandes bedeuten könnte, hatte mich vor vierundzwanzig Jahren ebenfalls gequält, als ich ihn auf die Welt brachte. Ich werde nie diesen eisigen Augenblick vergessen, als mir klarwurde, wie verletzlich er war und ich durch ihn ebenfalls.

Wegen meiner Bindung an dieses neugeborene Baby, wegen meiner heftigen Liebe waren die Einsätze in meinem Leben weit nach oben geschnellt. Und obgleich die Angst beinahe augenblicklich in den Untergrund abtauchte, merkte ich, wie sie meine Freude an dem Baby eine ganze Weile lang verstummen ließ.

Nun, Connie kam zu jedem Treffen. Und ich schloß aus ihrer Begeisterung und aus ihren hervorragenden Fragen, daß sie bekam, was sie brauchte.

Gleich nachdem der Kurs zu Ende war, hatte ich die Stadt für vier Tage verlassen. Bei meiner Rückkehr erhielt ich einen Anruf von Cynthia O'Neal, die sich um »Friends In Deed« kümmert, wenn ich den Kurs halte.

»Ganga«, fragte sie mich, »weißt du, welche von den Leuten in deinem letzten Kurs Connie war?«

»Natürlich«, antwortete ich, »sie ist die Frau, die erkannt hat, daß ihre Kinder sterben könnten. Sie versucht, sich schon vorher damit auseinanderzusetzen. Eine sehr kluge Frau. Warum fragst du?«

160

»Weil genau das eingetroffen ist«, erklärte Cy. »Zwei Tage nach Kursende starb ihr Sohn bei einem Autounfall auf dem West Side Highway. Es waren fünf Jugendliche in dem Auto, drei waren sofort tot, darunter Connies Sohn. Deshalb haben sie ihr gesagt, daß sie uns anrufen, mit uns darüber sprechen und dich bitten soll, mit ihr Verbindung aufzunehmen. Und Ganga, sie war unglaublich. Natürlich hat sie geweint, aber es ging ihr gut! Sie hat mir gesagt, ich soll dich wissen lassen, daß es ihr gutgehe. Vielleicht möchtest du sie zurückrufen. So etwas ist mir noch nie zuvor begegnet.«

Ich rief Connie an. Inzwischen waren fünf Tage nach dem Tod ihres Sohns vergangen. Dies war unser Gespräch:

Ganga: Connie, hier ist Ganga – wie hältst du durch?
Connie: Du weißt, daß ich zurechtkomme, Ganga. Er fehlt mir. Er fehlt mir sehr. Aber ich weiß, daß es ihm gutgeht. Ich bin sicher, wenn meine Zeit gekommen ist, werde ich ihn wiedersehen. Ich mache mir deshalb keine Sorgen. Er fehlt mir nur so sehr!

Ich konnte an Connies Stimme hören, daß sie weinte, und ich war erleichtert. Sie leugnete das tragische Ereignis also nicht, und sie hatte auch keinen Schock. Ihre Traurigkeit war vollkommen angemessen und normal. Der Schmerz würde nachlassen, mit der Zeit. Es würde ihr nicht erst lange Zeit später gutgehen, es ging ihr jetzt schon gut, den Umständen entsprechend.

Connie besuchte auch den nächsten Kurs, den ich ein paar Wochen später gab, und brachte ihre beste Freundin mit. Bei dieser Gelegenheit fragte ich sie, ob sie in der ersten Woche nach dem Tod ihres Sohnes Augenblicke erlebt hatte, in denen sie ihre Einsicht, daß er nicht ausgelöscht war, aus dem Blick verlor.

Dies sei mehrmals vorgekommen, gab sie zu, vor allem in den ersten paar Tagen. Doch ihre erwachsene Tochter rettete sie vor dem Abrutschen in die Verzweiflung, erklärte sie. Tatsäch-

161

lich konnte ihre Tochter, die bei ihr lebte, sie mit kleinen Gedankenstützen auf dem richtigen Weg halten. Offenbar hatte Connie nach jeder Versammlung mit ihrer Tochter darüber gesprochen, was sie an diesem Abend Neues gelernt hatte. Sie hatten die ganze Woche lang über die für sie neuen Vorstellungen gesprochen und auch gemeinsam die empfohlenen Bücher gelesen. Das also war der Grund, warum es ihr jetzt verhältnismäßig gutging. Und ihre Tochter, ergänzte Connie, konnte ebenfalls gut mit dem Tod ihres Bruders umgehen.

Connie hatte, als sie den ersten Kurs belegte, ein ungewöhnlich drängendes Gefühl verspürt. Ihr war klar: Eines ihrer Kinder konnte jederzeit sterben, unter diesem Schlag würde sie zusammenbrechen. Daher bemühte sie sich sehr, die Überzeugungen zu gewinnen, die sie benötigte. Obwohl Connies Sohn bereits zwei Tage *nach* Beendigung des Vorbereitungskurses starb, erwies sich das neu errichtete Gerüst als stabil. Wenn man vergleicht, wie sie und wie Joan ihren Verlust erlebten, dann wird sofort klar, daß eine gute Vorbereitung nicht nur die halbe Heilung, sondern sogar ein Vielfaches wert ist. Um lähmende Trauer wirklich verhindern zu können, muß das Wissen schon vor und nicht erst nach dem Unglück fest verankert sein.

Wir sind bereit, alles zu versuchen

Mona und Fred waren ein Paar, dessen einziges Kind, ihr fünfunddreißigjähriger Sohn, die letzten sechs Monate seines Lebens vor sich hatte, als sie in meinem Kurs erschienen. Ihr Sohn hatte als Rechtsanwalt gearbeitet, bevor er zu krank wurde, um noch weiter ins Büro gehen zu können. Seinen Eltern – vor allem aber Mona – zerriß seine Krankheit und sein bevorstehender Tod das Herz.

Mona und Fred waren ein zurückhaltendes, würdevolles Paar, das zurückgezogen lebte. Es war nicht zu übersehen, wie unwohl sie sich mit der Vorstellung fühlten, ihre Trauer dem forschenden Blick von Fremden, mir und den übrigen Kursteilnehmern, ausliefern zu müssen. Aber »Friends In Deed« war

162

eine der wenigen Organisationen in New York, wo sie nicht die einzigen waren, denen speziell dieser Alptraum bevorstand. Und die Wärme, die diese Gemeinschaft bieten kann, ist äußerst tröstlich.

Als ich sie zum ersten Mal traf, litten sie bereits unter vorwegnehmender Trauer. Auf Monas hübschem Gesicht schien ein Lächeln nie mehr möglich zu sein, und Fred strahlte die müde Resignation eines Menschen aus, dem man eine Last aufgeladen hatte, die ihn grenzenlos überforderte.

Ich kann verstehen, warum sogar alte Freunde manchmal ausweichen und Menschen in diesem traurigen Zustand im Stich lassen. Die Erinnerung an die eigenen unvermeidlichen Verluste, die Angst davor, nicht das Richtige sagen zu können und die Dinge irgendwie schlimmer zu machen, und die Schuldgefühle, weil man froh darüber ist, daß diese schrecklichen Erfahrungen nicht einem selbst, sondern einem anderen zugemutet werden, all dies verbündet sich gegen trauernde Menschen und isoliert sie gerade in dem Augenblick, in dem sie den Trost ihrer Freunde am meisten brauchen.

In ihrem Schmerz und ihrer Verletzlichkeit – und in der ersten Reihe – saßen also genau jene Menschen, die sich am schwersten überzeugen ließen. Ich machte mir große Sorgen. Ob sie meinen unerbittlich realistischen Ansatz mißdeuten und als mangelnde Anteilnahme an ihrer Notlage auffassen würden? Gott sei Dank geschah das nicht. Vielleicht hatte man sie vor mir gewarnt.

Dennoch mußte ich bereits am ersten Abend recht erbarmungslos mit Mona ins Gericht gehen. Sie meinte: »Mütter sollten ihre Söhne nicht beerdigen müssen« und es sei ungerecht, daß ihr eine solche Erfahrung aufgezwungen würde.

»Einen Augenblick, Mona, einen Augenblick. Wir wollen sehen, ob ich dich richtig verstehe. Du bist davon ausgegangen, daß du zuerst stirbst, und auf diese Weise würde dein Sohn sich mit den Qualen befassen müssen, die nun dir aufgebürdet sind? Sehr liebevoll, Mami. Das muß ich mir merken. Das muß Liebe sein, was?«

163

Mona begriff sofort. Mütter wollen ihren Kindern alles ersparen, was nur möglich ist. So ist es nun mal. Sie erkannte: Indem sie dieses furchtbare Leid auf sich nimmt, erspart sie ihrem Sohn diese Last. Es gelang ihr, echten Trost in dieser Vorstellung zu finden.

Fred und Mona kamen regelmäßig zu jeder Versammlung. Bei der abschließenden Bewertung des Kurses, die jeder Teilnehmer am letzten Abend ausfüllen muß, schrieb Fred, er glaube nun wirklich daran, das Leben seines Sohnes werde auch dann weitergehen, wenn sein Körper nicht mehr war, obgleich ihm ein solcher Gedanke vor seiner Teilnahme an dem Kurs vollkommen undenkbar schien.

Und Mona sagte, sie sei zu der Einsicht gekommen, daß der bevorstehende Tod ihres Sohnes nicht ausschließlich eine harte Prüfung für sie sei, sondern sie könne auch etwas Wesentliches daraus lernen. Und sie beide hätten natürlich alles gegeben, um ihren Sohn zu retten.

Um ihre Geschichte auf den neuesten Stand zu bringen: Letzten Sommer begegnete ich einer Frau, die bei der Beerdigung von Freds und Monas Sohn dabeigewesen war. Ich hatte seit seinem Tod nichts mehr von ihnen gehört. »Wie haben sie sich gehalten?« wollte ich von ihr wissen. Ich war sehr gespannt darauf, ihren Bericht zu hören. Sie erzählte, es gehe ihnen gut, unerwartet gut sogar. Sie waren dankbar für das Leben ihres Kindes und vertrauten darauf, daß sie ihrem Sohn irgendwo und irgendwann wieder begegnen würden.

Dies sind nur drei von Hunderten und Hunderten vergleichbarer Erfahrungen, die Teilnehmer von »Start the Conversation« gemacht haben. Ich habe sie ausgewählt, um Ihnen die typischen Konstellationen nahezubringen, die Sie erwarten müssen, wenn sie vor, während oder erst nach der Konfrontation mit dem Tod eines geliebten Menschen an Ihrer Einstellung arbeiten, und damit Sie Ihre Erwartungen an Ihre Arbeit richtig einschätzen können. Denken Sie daran, auch wenn Sie erst vor kurzem einen geliebten Menschen verloren haben und sich nun von Ihrer Trauer überwältigt fühlen, ist es trotzdem sehr hilfreich, mit dieser Methode zu arbeiten. Es ist unwahrscheinlich, daß die Person, die Sie verloren haben, die letzte sein wird. Sie werden noch reichlich Gelegenheit haben, sich die hier angebotenen Werkzeuge zunutze zu machen.

Es ist möglich, die Trauer abzustreifen. Lohnt es sich, dafür mit der Arbeit zu beginnen?

Ein neues Verständnis bedarf einer neuen Sprache

In diesem Abschnitt möchte ich den Augenblick der Trennung, den Übergang, den wir Tod nennen, näher betrachten. Es ist entscheidend, sich hier genau vorzustellen, daß wir, wenn wir sterben, umsiedeln, aufbrechen, ausziehen, unseren Weg fortsetzen. Wir werden nicht ausgelöscht, erledigt, zerstört. Wir verlieren nicht unser Leben. Niemand kann unser Leben nehmen. Wir können es nicht einmal dann fortgeben oder im Stich lassen, wenn wir wollen. Vielleicht glauben wir in einem heldenhaften Augenblick, wir hätten unser Leben eingesetzt, aber in Wahrheit haben wir nur unseren Körper eingesetzt. Dieser Einsatz bedeutet ohne Frage ein großes Geschenk, zeigt eine ähnlich edle Gesinnung, wie wenn man sein Haus verschenkt. Ein solcher Akt läßt Sie ohne Heim zurück, aber es zerstört Sie nicht, denn in Wahrheit kann *nichts* Sie zerstören. *Sie* können nicht ausgelöscht werden.

Die meisten Menschen glauben, zu sterben bedeute, ausgelöscht zu werden, ins Nichts einzugehen. Da Wörter die Bausteine der Gedanken sind, und da es in diesem Buch darum geht, die Art des Denkens und damit die Einstellung zum Tod zu ändern, ist es notwendig, sich die Wörter und Redewendungen, mit denen wir normalerweise Tod und Sterben beschreiben, näher anzusehen. Und wir müssen angemessenere Umschreibungen und Ausdrücke finden.

Nehmen Sie die folgende Übung ernst. Ergänzen Sie die folgenden Wortlisten um solche Begriffe, die Ihnen einfallen. Las-

165

sen Sie auch umgangssprachliche Ausdrücke nicht aus, und machen Sie sich keine Sorgen, wenn sie manchmal rüde klingen. Um schlechten Geschmack handelt es sich vor allem dann, wenn man die Dinge nicht beim Namen nennt.

Substantive: Tod, Exitus, Ende, Verstorbener, Leiche, Körper, Überreste, Sensenmann, Freund Hein.
Verben: sterben, versterben, ums Leben kommen, ausgelöscht werden, einschlafen, abkratzen, heimgehen, verrecken.
Adjektive: leblos, verschieden, tragisch, tödlich, sterblich, vorzeitig.
Redewendungen: mausetot sein, nicht mehr unter den Lebenden weilen, das Leben verlieren, nicht mehr sein, den letzten Schlaf schlafen, sich die Radieschen von unten betrachten, über den Jordan gehen, die Augen für immer schließen, aus dem Leben gerissen werden, ausgelöschtes Leben.

Ist Ihnen aufgefallen, wie viele dieser Wörter die Vorstellung von der Endgültigkeit und der Auslöschung des Menschen in sich tragen? Sind Sie nun in der Lage, neue Ausdrücke zu schaffen, die frei sind von der falschen Vorstellung der Auslöschung? Führen Sie die hier begonnene Liste fort:

Übergang, entseelt, die Seele/das Leben aushauchen, die sterbliche Hülle ablegen, die Reise fortsetzen, vor seinen Schöpfer treten, den Körper verlassen, die Stadt verlassen.

Vielleicht meinen Sie, bei dieser Übung handle es sich darum, weniger beängstigende Umschreibungen für den Tod zu finden. Das ist keineswegs der Fall. Das menschliche Leben läuft nicht ab wie ein Personalausweis oder eine Mitgliedskarte für einen beliebigen Verein. Es ist unendlich.

Gedanken zum Selbstmord

Das Wichtigste, was man über Selbstmord wissen sollte, ist: Er ist unmöglich! Was meine ich damit? Selbstmord heißt, sich selbst das Leben nehmen. Und das gelingt einfach nicht. Deshalb ist jede Form von Selbstmord, ob erfolgreich oder nicht, lediglich »versuchter« Selbstmord – das ist alles.

Was wird bei einem erfolgreichen Selbstmord getötet? Nur der Körper. Das bedeutet zugleich eine gute und eine schlechte Nachricht. Wenn das Nachdenken über Selbstmord lediglich etwas mit körperlichen Problemen zu tun hat – mit unerträglichen Schmerzen, um ein eindeutiges Beispiel aufzugreifen –, dann steht eine gewisse Logik dahinter, denn, wie Benjamin Franklin es ausgedrückt hat, »der, der seinen Körper verläßt, trennt sich sogleich von allem Schmerz und allen Möglichkeiten, körperliche Schmerzen und Krankheiten zu erleiden.«

Jedoch gibt es viele Menschen, deren Nachdenken über Selbstmord nicht in der Verzweiflung begründet ist, daß sie mit ihrem Körper in eine physische Sackgasse geraten sind. Depressionen, Hoffnungslosigkeit, der Verlust von geliebten Menschen, Langeweile, der Mangel von Zielen, von Liebe – dies sind einige der häufigsten Gründe für Leid, das Menschen nach einem Ausweg suchen läßt.

Es ist wichtig zu verstehen, daß die Suche nach einem Ausweg, nach der Befreiung von Schmerz ein Impuls der Selbstliebe, nicht des Selbsthasses ist. Wenn Sie Ihren Ausweg im Selbstmord suchen, dann ist zwar Ihr Körper fort, aber *Sie selbst* sind noch immer da. Auch Ihr Problem besteht fort. Sie haben nur jetzt keine Möglichkeit mehr, es durchzuarbeiten. Und dieses Durcharbeiten bleibt uns nicht erspart, denn die Schwierigkeiten, auf die wir in unserem Leben stoßen, sind nicht zufällig da, sondern Bestandteil genau jenes Puzzles, das zu lösen wir uns vorgenommen haben.

Versuchen Sie, es sich folgendermaßen vorzustellen: Sie leben seit Ihrer Kindheit in einer Wohnung, einer wunderbaren Wohnung, in der Sie sich wohl und sehr zu Hause gefühlt haben. Inzwischen sind jedoch Jahrzehnte vergangen, und die Dinge haben sich natürlich geändert. Die Wände haben Risse und können nicht mehr repariert werden. Wegen der alten Bleirohre ist es gefährlich geworden, das Leitungswasser zu trinken. Und die alten elektrischen Leitungen im Haus verkraften nicht einmal den zusätzlichen Anschluß eines Ölradiators und schon gar nicht Ihren neuen Computer. Außerdem hat sich Müll in den Gängen angesammelt, weil der Lastenaufzug nicht mehr fährt und die Müllabfuhr schon lange nicht mehr kommt.

Inzwischen hat der Eigentümer des Gebäudes errechnet, daß es ihn zu viel kosten würde, das Haus sanieren zu lassen, daher hat er aufgehört, seine Steuern zu bezahlen, und er hat das Haus einfach aufgegeben. Schließlich kommt die Stadt in den Besitz des Gebäudes, dessen Verfall nun aber erheblich weiter fortgeschritten ist. Die Rohre und die elektrischen Leitungen sind mittlerweile herausgerissen und an den Schrotthändler verkauft.

Sie halten jedoch noch immer in dem Gebäude aus, in der unvernünftigen Hoffnung, Ihre Nachbarn werden doch irgendwie zurückkommen und dieses wunderbare alte Haus, das schon immer Ihr Zuhause gewesen ist, werde wieder zum Leben erweckt.

Schließlich sorgen die Stadtabgase dafür, daß man nicht einmal mehr aus den Fenstern schauen kann. Das Spiel ist aus. Sie haben in kalten, dunklen Räumen ohne Wasser gelebt, weil Sie sie noch immer für Ihr Zuhause halten. Aber die Wohnung kann nicht mehr Ihr Zuhause sein, weil sie Ihnen körperlich kein Leben in angemessener Qualität mehr bietet – das heißt jedoch nicht, daß Sie diesen alten Ort nicht mehr lieben.

Also veranlassen Sie die abschließenden Notwendigkeiten und ziehen aus.

Selbstmord.

Alle Unannehmlichkeiten der alten Wohnung sind mit einem Mal zu Ende und vergessen. Und Sie sind noch immer genau derjenige, der Sie schon immer waren, und das kann, wie ich schon eingangs bemerkte, zugleich eine gute und eine schlechte Nachricht sein.

Eine kleine Fabel

Einmal, im Nordwesten an der Pazifikküste, stieß ein riesiger Adler auf einen wohlschmeckenden Lachs hinunter, der im Fluß schwamm. Es war ein wunderbarer Fisch, und der Adler konnte es kaum abwarten, ihn in sein Nest zu bringen. Ein Schwarm Krähen, hartnäckige, freche Straßenkehrer, die sie sind, sahen den Lachs in den Klauen des Adlers und stürzten ihm sogleich hinterher. Gleichgültig, in welche Richtung der Adler auch flog, er konnte weder die lauten, beharrlichen Krähen abschütteln, noch den Lachs in sein Nest bringen.

Schließlich gab der Adler verärgert seine Beute auf, aus der bereits von den Krähen etliche bedeutende Stücke herausgehackt worden waren. Somit ließ er den Fisch, der inzwischen zu einem sehr bedauerlichen Abbild seiner selbst verkommen war, einfach fallen, und er machte sich auf den Rückweg nach Hause.

Die Krähen interessierten sich natürlich nicht weiter für den Adler, sondern für den Fisch, mit dem sie kurzen Prozeß machten.

Da nun aber der Adler eine Kreatur mit einiger analytischen Begabung ist, machte er sich daran, seine frische Erfahrung mit dem Fisch zu durchdenken. Seine Gedanken waren etwa die folgenden: *Als ich den Fisch schließlich aufgab, war nicht mehr allzu viel von ihm übrig. Wenn es noch derselbe fette Fisch gewesen wäre, den ich aus dem Fluß gezogen habe, dann hätte es sich vielleicht gelohnt, weiter um ihn zu kämpfen. Er hatte längst die Schwelle zum abnehmenden Ertrag überschritten, und außerdem, er war nicht der letzte Fisch in dem Fluß, noch lange nicht. Überdies muß ich auch zugeben, daß all meine Pro-*

169

bleme mit diesen aufdringlichen Krähen sofort ein Ende hatten, als ich den Fisch fallen ließ.

Selbstmord

Wir können uns dazu entscheiden, den Körper aufzugeben, weil er in seinem momentanen Zustand für uns keinen Wert mehr hat. Er wird sich nicht mehr verbessern, und all unsere Schwierigkeiten – unsere *einzigen* Schwierigkeiten – resultieren daraus, daß wir uns an unserem Körper festklammern. Verstehen Sie, was ich damit sagen will? Aber da gibt es noch etwas, was nicht ganz so klar ersichtlich ist.

Selbstmordkurs

Vor einigen Monaten boten wir einen Kurs über Selbstmord an. Er zog eine interessante, wenn auch kleine Gruppe von Teilnehmern an. Es kamen sechs gesund aussehende junge homosexuelle Männer, die mir alle mitteilten, daß sie HIV-positiv waren und herausfinden wollten, ob Selbstmord zu einem späteren Zeitpunkt, wenn die Krankheit das Leben im Körper zu unangenehm machte, für sie eine entwicklungsfähige Option sein könnte.

Ich fragte José, der in der ersten Reihe saß, was er für sich als Sinn seines Lebens herausgefunden und ob er ihn bereits erfüllt habe. »Was für ein Ding?« wollte er vollkommen verständnislos wissen. »Na, du weißt schon«, erklärte ich ihm wie einem kleinen Kind, »der Grund, warum du hier bist, was du dir vorgenommen hast, dein Lebensziel, deine Mission ... hast du sie erfüllt oder nicht?«

Niemals zuvor hatte ihm jemand eine solche Frage gestellt, und sie hatte ihn kalt erwischt. Ich schlug ihm folgendes vor: Bevor er darüber nachdachte, wie er sich davonmachen konnte, sollte er vielleicht doch erst einmal herausfinden, was seine Aufgabe hier gewesen war, und ob er bei ihrer Erfüllung wenigstens irgendeinen Eindruck hinterlassen hatte oder nicht.

Ich fuhr fort, indem ich wie sonst auch erklärte, daß der Körper das ist, in dem wir uns – wie in einem Auto – fortbewegen oder in dem wir – wie in einer Wohnung – leben. José und seine Freunde hörten aufmerksam zu und waren eindeutig dabei, ihre Situation aufgrund dieser Perspektive neu zu bewerten.

Dann rollte Tony in seinem schweren Rollstuhl in den Raum. »Tut mir leid, daß ich so spät dran bin«, sagte er, »aber ich muß zwischen hier und Brooklyn dreimal umsteigen, da manche der Busse Rollstuhlfahrer nicht transportieren können, mußte ich warten.«

»Ich bin hier«, begann Tony zu erzählen, »weil ich vierundzwanzig Jahre alt bin und mein ganzes bisheriges Leben in diesem Stuhl zugebracht habe. Ich werde ihn nie wieder verlassen. Ich habe Muskeldystrophie, und besser als jetzt wird es mir nie gehen. Was also soll das Ganze? Meine Mutter sagt, sie habe die Entscheidung darüber, ob ich mich töten darf oder nicht. Aber ich sehe nicht ein, warum irgend jemand anderes als ich darüber bestimmen darf. Sie muß schließlich nicht in diesem Stuhl leben.«

Ich schielte zu José und seinen Freunden, um zu sehen, wie sie Tonys Geschichte aufnahmen. Sie waren sehr still.

»Also gut, Tony«, sagte ich, »was du sagst, erscheint mir nicht ohne Sinn. Aber laß mich dir die folgende Frage stellen. Was war der Sinn deines Lebens, und wann hast du ihn erfüllt? Denn das mußt du ja, sonst hättest du dein Bündel nicht geschnürt, und du wärst nicht bereit, deinen Abschied zu nehmen.«

»Sinn des Lebens – Sinn meines Lebens?« Tony schrie die Worte fast heraus. »Ich arbeite seit fünfzehn Jahren daran. Es macht mich verrückt. Ich habe nicht die geringste Vorstellung. Es muß doch irgend etwas geben, aber ich kann es einfach nicht sehen. Ich denke die ganze Zeit darüber nach.«

»Das ist ziemlich interessant, Tony«, erklärte ich. »Ich habe José dieselbe Frage gestellt, kurz bevor du angekommen bist, und er hatte ebenfalls keine Ahnung, aber nicht nur in bezug

171

auf die Antwort. Er hatte die Frage niemals zuvor gehört. Es sieht also so aus, als ob du diesen Jungs dort mindestens fünfzehn Jahre voraus hast. Die haben wahrscheinlich Fußball gespielt und gevögelt, während du in diesem Stuhl gefesselt warst. Ich gratuliere dir. Scheint mir, als ob du in diesem Spiel einen riesigen Vorsprung hast.«

In diesem Augenblick kam ein weiterer Rollstuhlfahrer in den Raum gefahren. In ihm saß Carmello Gonzales, ein paar Jahre älter als Tony, aber noch immer unter dreißig, und er hatte eine extrem ausgeprägte Zerebrallähmung. Ich geriet in Panik, als er zu sprechen begann. Anfangs konnte ich kein Wort verstehen – nicht ein einziges Wort!

Carmellos Körper schien vollkommen falsch zusammengesetzt zu sein – manche Teile waren seitwärts, die eigentlich gerade nach oben oder nach unten hätten weisen sollen, entscheidende Teile wie sein Kopf und seine Hände. Und in diesem Gefängnis eines verdrehten Körpers befand sich ein scharfsinniges Gehirn und ein Alleinunterhalter mit einem ausgesprochenen komödiantischen Talent und einem geradezu endlosen Vorrat an Geschichten und Witzen. Wie sich herausstellte, war er seit Jahren Tonys Stichwortgeber. Sie telefonierten täglich miteinander und lästerten über die Leute, die gehen konnten.

Zusammen waren sie sehr, sehr komisch – und das Opfer ihres Humors waren Menschen wie wir, die wir uns sofort in unglaublichen, für Carmello und Tony vorhersehbaren, vertrauten, im weitesten Sinn unangebrachten, absurden und komischen Verrenkungen zu winden beginnen, sobald wir mit einem oder zwei jungen Rollstuhlfahrern konfrontiert werden. Gemeinsam waren sie das verbale Äquivalent von Calahan, dem an allen vier Gliedmaßen gelähmten Cartoonisten, dessen Arbeiten aus der Perspektive der »normalen« Welt empörend und geschmacklos, aber dennoch außerordentlich erfolgreich sind.

An jenem Abend mit Tony und Carmello fiel über das Thema Selbstmord kein Wort mehr. Und ich hatte lediglich das

172

hervorgehoben, was ohnehin für jeden im Raum auf den ersten Blick sichtbar war: Diese beiden jungen Männer waren mit einem sehr guten Verstand gesegnet und hatten außerdem das Herz am rechten Fleck. Sie funkelten geradezu vor Witz, sie hatten ihren Spaß dabei, und auch wir kamen auf unsere Kosten. Auf gar keinen Fall konnte ihr Leben zu Ende sein, auch wenn ihre Körper ihnen nicht viel Hoffnung gaben und sie nur unter wenigen Dingen wählen konnten.

Allzu häufig werden die Begabungen des Verstandes und des Geistes unterbewertet. So viel Bedeutung messen westliche Kulturen dem Körper zu.

Kennen Sie den Film »Ist das nicht mein Leben?« mit Richard Dreyfuss und John Cassavetes? Der Held ist ein anerkannter Bildhauer, ein erfolgreicher Typ mit einem kleinen roten Sportwagen und einer Ballettänzerin als Geliebte – ein perfektes Leben, ein Leben, das im und für den Körper gelebt wird – ein grundlegender amerikanischer Traum. Doch eines Tages rast er mit seinem kleinen roten Auto unter einen Traktoranhänger. Nachdem die Ärzte ihn wieder zusammengeflickt haben, kann er seinen Körper vom Hals abwärts nicht mehr bewegen – ab jetzt ist er Tetraplegiker, unwiderruflich für den Rest seines Lebens. Die Ärzte sagen ihm, daß er Glück hat, noch am Leben zu sein, aber er sieht das vollkommen anders. Vielleicht würde es Ihnen ebenso ergehen.

Der Held hält sein Leben für wertlos, weil er jetzt weder Kunst schaffen noch vögeln kann. Und etwas anderes hat er nicht gelernt. Folgerichtig erstreitet der Held im weiteren Verlauf der Geschichte sein Recht, das Dialysegerät, mit dessen Hilfe sein Körper am Leben gehalten wird, abstellen zu lassen.

Die Ärzte sind in diesem Film die Bösen. Sie begreifen einfach seine mißliche Lage nicht, meint der Held, an seiner Stelle hätten sie ebenso gewählt wie er und die Sache zu Ende gebracht. Seine Ballettänzeringeliebte unterstützt seine Entscheidung vollkommen – ich vermute, ihre Gespräche zum Thema waren nicht besonders lebhaft. Und er muß ein so großartiger Liebhaber für sie gewesen sein, daß sie nun keine anderen

173

Aufgaben für ihn in ihrem Leben finden kann. Mein Gott, wie ...

In der letzten Einstellung des Films sieht man den siegreichen Helden, wie er in seinem Krankenbett auf seinen Tod wartet.

Nun, also ich weiß nicht, wie der Film Sie berührt. Ich erinnere mich jedenfalls daran, wie abstoßend ich damals dieses Ende empfand – vielleicht nicht aus den Gründen, die Sie vermuten. Wessen Leben ist das? Natürlich sein Leben. Aber welche Art Leben ist es? Damit sind wir bei der Kernfrage. Offenbar lag der Sinn dieses Lebens ausschließlich darin, Skulpturen zu schaffen und schöne Mädchen zu vögeln. Nachdem diese beiden Dinge nicht mehr möglich sind, fällt unsrem Helden nichts Neues mehr ein, und ihm geht die Luft aus. Würde es Ihnen ebenso ergehen?

Stephen Hawking, der große Physiktheoretiker, hat seit nahezu zwanzig Jahren keinen Muskel seines Körpers mehr selbst bewegt. Dennoch hat er offenbar etwas zum Leben beitragen können. Und Franklin D. Roosevelt regierte sogar im Rollstuhl sitzend. Welche Möglichkeiten hat man also in diesem Leben?

Letzter Besuch bei John

John Roth, von dem ich bereits mehrmals erzählt habe, näherte sich dem Ende seines Lebens in diesem Körper und befand sich in seinem Bett in Brooklyn, wo er auf den Tod wartete. Ich formuliere es so, weil John tatsächlich keine anderen Möglichkeiten mehr offenstanden, als es auszusitzen: Er war blind, und das bereits seit einem Jahr, er war zu schwach, um herumzugehen, und er hatte all seine Angelegenheiten in Ordnung gebracht. Bereits seit mehreren Jahren ordnete er mit zunehmendem körperlichen Verfall die Beziehungen in seinem Leben.

An einem klaren Samstagnachmittag fuhr ich zu ihm, um ihn noch einmal zu sehen, da ich mehrere Tage nicht in der Stadt sein würde und annahm, John würde während meiner Abwesenheit sterben. Er war mir als Kursteilnehmer und als Mensch besonders ans Herz gewachsen, und ich wollte ihn um seinet- und meinetwillen noch einmal besuchen, bevor sich unsere Wege trennen würden.

John döste, als ich eintraf, also verbrachte ich eine Weile mit Barry, seinem Lover und Gefährten seit vielen Jahren. Barry kümmerte sich schon seit einiger Zeit um John und behielt zugleich seine Vollzeitstelle als Lehrer bei. Er diente seinem sterbenden Freund mit aufrichtiger Freude. Es gab bei ihm keinen anklagenden Unterton, wie er so oft in solchen Konstellationen vorkommt, Barry war augenfällig müde, aber im großen und ganzen ging es ihm gut.

Johns Mutter wurde in einigen Tagen erwartet, und wir meinten zu spüren, daß John sich danach wahrscheinlich auf den Weg machen würde. Barry hatte für den Sommer eine Reise nach Europa geplant – er hatte Freunde in mehreren großen Städten, die ihn willkommen heißen und sich um ihn kümmern würden, nachdem John gestorben war. Ich freute mich darüber, daß er auf diese Weise mit seinen Plänen so gut für sich sorgte.

Nach einer Weile wachte John auf. Ich ging hinein, setzte mich auf den Bettrand und nahm seine Hand. Über John ausgebreitet lag eine auserlesene gesteppte Tagesdecke. Knöpfe und verschieden strukturierte Stoffstücke waren in bestimmten Abständen auf ihr festgenäht, dadurch gab es für John, wenn er seine Hände bewegte, immer interessante und unterschiedliche Begegnungen. Johns Freunde hatten die Decke für ihn mit Anteilnahme und Liebe angefertigt.

»Deine Hand ist kalt«, war das erste, was John sagte. Wie gebrechlich er war! Ich entzog ihm meine Hand und legte sie so auf die Tagesdecke, daß er meine Anwesenheit auch weiterhin spüren konnte.

John und ich hatten über all die Jahre immer wieder über diesen Augenblick geredet. Welches seiner Medikamente sollte er fortlassen, hatte er sich gefragt, um leicht gehen zu können, wenn der richtige Moment gekommen war. Wir sprachen nicht konkret über Selbstmord, aber wir kamen dem Thema doch sehr nahe. Und jetzt war der Augenblick eindeutig da.

Also fragte ich ihn, ob er jetzt an Selbstmord dächte – blind und mit einer Windel in sein Bett gepackt. Es gab eine Pause, bevor er mir eine Antwort gab, und dann sagte er mit schwacher, aber emotionsloser Stimme: »Ich begreife nicht einmal, warum sich diese Frage jetzt stellt.«

Wir sprachen nicht mehr, und wenige Minuten später war er wieder eingeschlafen. Aber es war mir damals wie heute vollkommen klar, John wurde so sehr geliebt und von dieser Liebe so stark getröstet, daß er, obwohl sein Körper ein solches Durcheinander war, der Frage nach Selbstmord keinerlei Bedeutung beimaß. Es ging ihm gut, so wie er war, und was den Tod betraf, er konnte warten.

Ich sah Johns Todesanzeige in der *New York Times*, als ich von meinem Wochenendausflug zurückkehrte. Er hatte seine Mutter noch einmal gesehen, dann war er friedlich und leicht seiner Wege gegangen.

Selbstmord in Betracht ziehen

Mit den folgenden Fragen sollten Sie sich beschäftigen, bevor Sie eine endgültige Entscheidung treffen:

Sind Ihre Probleme körperlicher oder emotional-spiritueller Natur?

Wenn sie rein körperlich sind, haben Sie alle denkbaren Möglichkeiten erforscht, um Ihre körperlichen Schmerzen zu lindern?

Haben Sie all Ihre Möglichkeiten ausgeschöpft, um anderen Menschen Liebe und Ermutigung zu schenken? Glück, so hat man festgestellt, ist ein Nebenprodukt des Bemühens, andere Menschen glücklich zu machen.

Haben Sie – in diesem Leben – erreicht, was Sie sich vorgenommen haben?

Sind alle Beziehungen in Ihrem Leben auf eine Weise abgeschlossen, daß die Zurückbleibenden frei sind von schmerzhafter Last, die Sie ihnen vielleicht aufgebürdet haben?

Sind Sie schuldenfrei?
Ist Ihr Wunsch nach dem Ende etwas, von dem die Menschen,
die Sie lieben, wissen, und können sie es annehmen?
Wer wird leiden, wenn Sie gehen?
Wer, außer Ihnen selbst, wird leiden, wenn Sie bleiben?
Wird die Art Ihres Aufbruchs so ungeordnet sein, daß sie die
Menschen, die Ihren verlassenen Körper finden, traumati-
sieren könnte?

Noch eine kleine Geschichte

Mein Vater war sein ganzes Leben lang ein schwerer Raucher.
Ich erinnere mich gut an die Päckchen Lucky Strike, dann
Camel in den vierziger und fünfziger Jahren. Ich erinnere mich
auch an sein morgendliches, schleimiges Husten und an den
Geruch jener ersten paar Zigaretten, für die er extra früh auf-
wachte.

Es ist ihm nie gelungen, mehr als ein paar Tage am Stück aufzuhören. Weil wir dafür einen sehr hohen emotionalen Preis bezahlen mußten (er war gemeiner und noch leichter zu erzür-
nen), waren wir alle erleichtert, wenn er, wie es immer geschah,
zu der einen Sache zurückkehrte, die seine schreckliche Wut zu
zügeln schien.

Als ich Ende der fünfziger Jahre zum College aufbrach, hatten Emphyseme bereits seinen Atem so kurzgängig gemacht,
daß er zu einer Marke mit Filter und Menthol wechselte, damit
er weiterhin die gewohnte Menge rauchen konnte.

Die Zeichen waren jedoch nicht zu übersehen. Als meine
Mutter 1965 gestorben war, ging sein Atem bereits beunruhi-
gend kurz. Gegen Emphyseme kann man nichts tun; ihr Wachstum kann verlangsamt (selbstverständlich, indem man das
Rauchen aufgibt), aber nicht rückgängig gemacht werden.
Mein Vater, wie so viele seiner Generation, rauchte so lange
weiter, bis er zwischen Rauchen und Atmen wählen mußte.

In dieser Situation versuchte er, Selbstmord zu begehen. Er
war nach Arizona gefahren, um auszuprobieren, ob er in der

177

trockenen, sauberen Luft dort besser würde atmen könne. Es half nichts. Ich holte ihn am Flughafen ab und brachte ihn in seine Wohnung, wo der Arzt ihn untersuchte und sich seinen frustrierten Bericht über die anstrengende Reise, die keine Erleichterung gebracht hatte, anhörte.

Ich war im Nebenzimmer und packte den Koffer aus, als ich meinen Vater fragen hörte: »Sagen Sie mir, Doktor, werde ich die Abschlußprüfung noch erleben?«

Meine Schwester sollte in einer Woche ihre Abschlußprüfung an einer medizinischen Hochschule machen und diese Leistung war der Brennpunkt seines Lebens.

»Ja«, hörte ich den Arzt sagen. »Im Augenblick gibt es keinen Grund, warum das nicht möglich sein sollte. Aber ich muß Ihnen eine Krankenschwester schicken, die Sie vierundzwanzig Stunden am Tag versorgt, denn Sie sind dazu nicht mehr in der Lage. Auf diese Weise können Sie zu Hause bleiben. Sonst bleibt nur ein Pflegeheim.«

Er gab seine Zustimmung und nahm an der Abschlußprüfung in einem Rollstuhl teil. Er hatte es geschafft. Drei Tage später holte ihn die Nachtschwester, die eine halbe Stunde zu früh gekommen war – die Tagschwester war schon fort –, vom Fensterbrett des Wohnzimmerfensters, fünfzehn Stockwerke über dem Boden.

Er war ungemein wütend, weil seine Pläne durchkreuzt wurden, und lieferte der Krankenschwester, wie sie später berichtete, »einen höllischen Kampf«. Neben seinem Bett lag ein mit Bleistift beschriebener Zettel, der aus einem Notizbuch herausgerissen war. Darauf standen die Namen: Dr. Elsa Stone, Ingrid Stone und mein Name, jeweils mit einer Telefonnummer. Sonst nichts.

Also erwartete er von seinen Töchtern, von denen eine gerade eine schwierige Stelle an der Yale Universität angetreten hatte, daß sie kamen und das identifizierten, was von seinem Körper in einem blutigen Schlafanzug noch übrig sein würde, nachdem er auf dem Boden aufgeschlagen war.

Ziemlich kaltschnäuzig. Wir hätten Jahre gebraucht, um uns

178

von diesem Schock zu erholen. Und weil mein Vater all die Fragen, die ich zuvor aufgezählt habe, zufriedenstellend beantwortet und keine weitere Verwendung für seinen Körper mehr hatte, schien es für ihn mehr als sinnvoll zu sein, ihn loszuwerden. Aber es hätte eine weniger verheerende, eine, wie wir gemeinhin sagen, »rücksichtsvollere« Art geben müssen.

9

Wie man sich vorbereitet und sein Leben gegen Reue wappnet

Eine junge Frau, die ich als Teenager ganz gut gekannt hatte, tauchte bei einem meiner Einführungskurse auf. Ich hatte Heide seit vielen Jahren nicht gesehen. Sie sei gerade dreißig geworden, sagte sie mir. Mit ihrem seidigen, blonden Haar und der robusten Gesundheit einer jungen Frau der oberen Mittelschicht sah sie gut aus.

Sie hatte eine sehr holprige Pubertät erlebt – und ich war froh, sie scheinbar wohlauf vor mir stehen zu sehen. »Wir sprechen später miteinander«, versprach ich, da es nun Zeit zum Anfangen war. Während der für Fragen vorgesehenen Zeit hob Heide ihre Hand.

»Man hat bei mir gerade Aids festgestellt«, sagte sie. »Und ich kann nun an nichts anderes mehr denken, als daß meine Uhr nun viel schneller tickt als die aller anderen. Das ist ungerecht.«

»Deine Uhr tickt nicht schneller, Heidi«, verbesserte ich sie. »sie tickt nur viel lauter, das ist alles.«

Das Leben gegen Reue wappnen

Wenn Sie den heutigen Tag mit dem Wissen verbringen würden, daß Sie heute nacht in Ihrem Schlaf an einem Herzinfarkt sterben müssen, was würden Sie anders machen? Wenn Ihre Antwort »Nicht viel« lautet, führen Sie das Leben, das Sie sich vorgestellt haben. Das ist wunderbar, und ich meine das aufrichtig.

181

Die meisten Menschen meinen, sie hätten genug Zeit, die wichtigen Veränderungen vorzunehmen, die ihr Leben ihren Zielen näher bringen würden. Und vielleicht trifft dies tatsächlich zu. Aber was geschieht, wenn Ihr Arzt Ihnen heute mitteilt: »Sie haben nicht mehr Jahrzehnte, um alles zu erledigen, sondern nur noch ein paar Wochen oder Monate.« Würde Sie das nicht sehr deprimieren?

Ich fing 1964 an, mich mit dieser Frage zu beschäftigen, als meine Mutter vierundfünfzig Jahre alt war und kein Zweifel mehr daran bestand, daß sie nicht mehr sehr viel älter werden würde. Dieser Umstand warf ein völlig neues Licht auf ihre sehr detaillierten Pläne für ihr Leben als Rentnerin. Meine Mutter haßte ihren Beruf. Sie beklagte sich ständig darüber. Sie gehörte einem geselligen Menschenschlag an, und ausgerechnet sie hatte man in eine wissenschaftliche Bibliothek verbannt. Sie empfand ihre Arbeit als trocken und langweilig, außerdem fühlte sie sich dort einsam.

In jener Zeit haben die Menschen ihren Arbeitsplatz noch nicht so oft wie heute gewechselt. Also hielt meine Mutter sich mit Träumen von ihrem Leben als Rentnerin aufrecht, eine Zeit, in der sie reisen, malen, ihr Buch schreiben und glücklich sein würde. Diese Glückseligkeit wartete auf sie ... war nur noch elf Jahre entfernt. Aber sie starb an amyotrophischer Lateralsklerose im Alter von fünfundfünfzig Jahren.

Ich werde dieses Jahr fünfundfünfzig. Und indem ich hier an meinem Schreibtisch sitze, an diesem verschneiten Wintertag, und mit Ihnen die Lebenslektion meiner Mutter teile, tue ich genau das, was ich auch an meinem allerletzten Tag gern tun würde.

Nachdenken über die Zeit

Eines Tages, als Hedley in der ersten Klasse war, brachte ich sie im Auto zu ihrer Schule. Zeitliche Vorstellungen waren ihr noch immer ein bißchen fremd. In der Schule sollte eine Party stattfinden, auf die sie sich schon seit Wochen freute. Schließlich gelang es mir an diesem Morgen im Auto, ihr klarzumachen, daß die Party morgen stattfinden würde. So lief unser Gespräch ab:

Hedley: Toll, die Party ist morgen. Ich kann es kaum erwarten. Wie bald ist morgen?
Ganga: Sobald heute zu Ende ist, beginnt morgen.
Hedley: Also, wenn die Party anfängt, dann ist morgen?
Ganga: Eigentlich wird es, wenn die Party anfängt, heute sein. Es ist nie morgen, es ist immer heute, verstanden?
Hedley: MAMI!!!

Wie immer sage ich hier etwas sehr Einfaches und Offensichtliches. Aber machen Sie sich bewußt: Alle Partys, die wir je feiern werden oder je gefeiert haben, werden und haben immer heute stattgefunden. Rufen Sie sich ein paar Erinnerungen an vergangene Partys oder wichtige Ereignisse Ihres Lebens ins Gedächtnis. Machen Sie sich klar, Sie erfreuen sich an diesen Erinnerungen (oder zucken wegen ihnen zusammen) hier und jetzt. Heute. Das ist es. Das ist alles, was wir haben. Heute.

Zeit ist die einzige nichterneuerbare Form von Reichtum. Geld kommt und geht – Menschen erleben dauernd irgendwelche finanziellen Rückschläge. Selbst die Gesundheit kann wieder und wieder zurückgewonnen werden, so lange, wie wir im Besitz eines Körpers sind.

Aber Zeit, von der wir in unserem Sprachgebrauch behaupten, man könne sie totschlagen, verlieren, finden, verschwenden oder sparen, sie ist tatsächlich unser *einziges* Vermögen. Ich meine nicht zukünftige Zeit. Wir können für die Zukunft Pläne schmieden, uns über sie Sorgen machen oder unsere Kreditkarten dazu benutzen, zukünftiges Geld auszugeben, aber *nur* im gegenwärtigen Augenblick, *jetzt*.

Und ich meine auch nicht vergangene Zeit. Wir können versuchen, die Vergangenheit zu vergessen oder uns an sie zu erinnern, was immer unseren Bedürfnissen am besten entspricht.

183

Wir können in unseren Erinnerungen nach Schätzen graben, nach den Lehrstücken, nach der Bedeutung der Vergangenheit. Aber wir können diese Ausgrabungen *nur* hier und *jetzt* vornehmen. Was also *jetzt*?

Da sind wir nun zusammen, in diesem Augenblick. Und es ist der einzige, den wir haben. Vielleicht werden weitere gemeinsame Augenblicke in der Zukunft auf uns warten, aber sie werden dann die momentanen Augenblicke sein. Die Zeit, die wir jetzt, genau jetzt miteinander verbringen, ist die ganze Zeit der Welt.

Es gibt keine andere Zeit als die gegenwärtige. Ja, die Vergangenheit *war*. Und ja, die Zukunft *wird sein*. Aber nur der gegenwärtige Zeitpunkt *ist*.

Ihre Zeit ist Ihr Leben, und das bedeutet, Sie können Ihr Leben nur in diesen momentanen Augenblicken leben, nicht wahr? Mit »das Leben gegen Reue wappnen« meine ich also: Sie sollten die Momente, die Sie haben und die auf die augenblicklichen begrenzt sind, auf eine Weise verbringen, die Ihrer Natur entspricht, Ihre Werte verkörpert und die Ihnen Freude und Frieden bringt.

Da Zeit das einzige wertvolle Zahlungsmittel ist, das einzige, das sich nicht ersetzen läßt, wird von uns erwartet, daß wir es wenigstens bewußt ausgeben. Kein Mensch würde je einen Fünfzigmarkschein achtlos wegwerfen. Warum sollten wir mit fünfzig Minuten weniger achtsam umgehen?

Ich habe mein Leben verschwendet

Ein würdevoll aussehender Mann Ende Fünfzig kam letztlich zu einem meiner Einführungskurse. Er ging im hinteren Teil des Raumes ruhelos umher – solche Dinge kommen von Zeit zu Zeit vor. Sich Gespräche über den Tod anzuhören ist keine leichte Sache, vor allem für Personen, die erst kürzlich eine schlimme Diagnose erfahren mußten.

An diesem Abend befanden sich etwa vierzig Menschen im Raum. Als ich mit meinem Überblick über meine Auffassung von, wie ich es gern nenne, »Sterblichkeitsangelegenheiten« fertig war, wollte ich wissen, ob irgend jemand Fragen stellen wolle. Der Fußgänger war schon halb zur Tür hinaus, als er noch einmal sein inzwischen gerötetes Gesicht hereinstreckte und die folgenden Worte wütend und voller Verzweiflung fast schrie: »Ich bin neunundfünfzig, ich bin neunundfünfzig, ich habe mein Leben verschwendet. Mein Leben verschwendet. Jetzt habe ich Aids, und was sollte nun dieses Leben? Ich habe meine Zeit verschwendet. Verdammt, verdammt. Was für einen Sinn hatte das?«

Seine Verzweiflung zerriß mir das Herz. Aber ich hatte nur ein paar Sekunden, bevor er wieder hinausschoß, und damit keine Zeit, um sanft und nett mit ihm umzugehen.

»Beruhige dich wieder«, rief ich ihm nach. »Es ist noch nicht vorbei. Also kümmere dich darum. Finde heraus, worum es in deinem Leben geht, und fang an. Die meisten Menschen leben viel länger als du, ohne je zu erfahren, warum sie hierhergekommen sind. Worum geht es in deinem Leben? Wie soll ich das wissen? Vielleicht hast sogar nicht einmal du eine Antwort auf diese Frage. Aber du hast immerhin die Frage, nicht wahr? Und du hast die Dringlichkeit deines Problems, das dich antreibt. Ich wette, du kannst es schnell herausfinden.«

Dieser Mann war in den Sechzigern seines Lebens vom Ticken seiner eigenen Uhr aufgewacht. Schlimmer noch, der Wecker hatte geklingelt. Er war hellwach. Und was jetzt?

Was hat sich für ihn verändert? Zugleich alles und nichts. Tatsächlich hat sich nichts verändert, außer daß er seine Brille aufgesetzt, das Kleingedruckte in seinem Vertrag gelesen und festgestellt hat: Das Besitzrecht über seinen Körper gilt nur von Augenblick zu Augenblick – dann ist er ausgerastet.

Und alles hat sich verändert, denn er hat erkannt: Er muß etwas Wertvolles aus seinem Leben machen, und die Zeit, die er dafür braucht, ist alles, was ihn jetzt noch interessiert. Er wird Zeit nicht mehr verschwenden, totschlagen, abarbeiten oder verlieren – jetzt nicht mehr und niemals wieder.

Lassen Sie mich diese letzten Bemerkungen noch in einen etwas anderen Zusammenhang stellen, bevor ich weitermache. Jeder Mensch kennt die Vorstellung von der biologischen Uhr – also die begrenzte Zeit im Leben einer Frau, in der sie fruchtbar und nach der ihr Körper zum Austragen von Kindern nicht mehr fähig ist. Manche Frauen, die bis Mitte oder Ende Dreißig keine Kinder bekommen haben, kann es sehr verwirren, wenn sie dann ihr Leben dafür einrichten, diese Babys zu bekommen.

Sie drängen in dieser Angelegenheit, denn sie wissen, es gibt eine Grenze, bis wann sie diese Babys bekommen können. Und sie müssen diese Babys um ihres Glückes und um der Vorstellung willen, die sie sich von ihrem Leben gemacht haben, bekommen. Sie würden es endlos bedauern, wenn sie diese Kinder nicht bekämen. Solche Frauen sind ein einleuchtendes Beispiel dafür, daß ein Mensch weiß, was wichtig für ihn ist, und daß er seine Aufmerksamkeit darauf richtet, um von seinem momentanen Standpunkt aus dorthin zu gelangen.

Auf genau die gleiche Weise wußte der Mensch im hinteren Teil des Raumes, daß es da etwas gab, was er tun wollte (wenn er sich auch nicht ganz sicher war, was), aber noch nicht getan hatte. Und nun, da seine Zeit plötzlich begrenzt war und er dies erkannte, mußte auch *er* erfahren, was Dringlichkeit bedeutet.

Die biologische Uhr oder die »Körperuhr«, wie einer meiner Freunde es einmal nannte, ist in beiden Fällen das Thema. Und natürlich haben alle Menschen diese biologische Uhr. Sie tickt auch, während ich hier schreibe, und sogar, während Sie lesen. Können Sie die Ihre hören?

Sie erinnern sich doch daran, daß kein Körper hier lebend rauskommt? Und Sie wissen mit absoluter Sicherheit, daß Sie ganz bestimmt nicht das Ding sind, mit dem Sie in der Stadt herumlaufen, nicht wahr? Was immer wir sind, als Individuen, als Menschen, es ist nicht auf den Körper beschränkt – überhaupt nicht. Ich hoffe, ich habe Ihnen dies inzwischen gründlich klargemacht.

Dabei geht es bei der Dringlichkeit, über die ich spreche, nicht darum, *wer* Sie sind, sondern sehr viel eher darum, *was*, wenn überhaupt, Sie zu Ende führen wollen, solange Sie diesen Körper haben und hier sind.

Eine Freundin von mir hat die folgende Nachricht auf ihrem Anrufbeantworter: »Dies ist kein Anrufbeantworter, es ist eine Fragemaschine. Und die Fragen lauten: Wer sind Sie und was wollen Sie?«

Hübsch, nicht wahr? Mir gefällt das. Hier ist der Rest des Textes: »Wenn Sie nicht wissen, wer Sie sind und was Sie wollen, dann rufen Sie bitte wieder an, sobald Sie es wissen.«

Wer sind Sie und was wollen Sie? Ohne Antworten auf diese Fragen werden Sie, wenn dies Ihr letztes Treffen ist, ganz gewiß nicht die Wahl getroffen haben, von der Sie sich dann wünschen werden, daß Sie sie getroffen hätten.

Sie wissen es bereits

Der jetzige Zeitpunkt ist genauso geeignet wie ein beliebiger anderer, nicht wahr? Warum nehmen Sie also nicht jetzt, solange Ihnen die Wichtigkeit der Angelegenheit noch bewußt ist, ein Blatt Papier und einen Stift und schreiben die zehn oder zwölf Eigenschaften nieder, die Sie an sich am meisten mögen, und dazu noch die fünf oder sechs Dinge, von denen Sie träumten, als Sie noch zu jung waren, um zu wissen, daß Sie nicht alles schaffen können?

Sie werden sofort feststellen, daß die Aspekte Ihrer Persönlichkeit, mit denen Sie am zufriedensten sind, jederzeit gefördert und hervorgehoben werden können. Es ist möglich, sofort der Mensch zu sein, der man sein möchte.

Selbstverständlich hängt, ob Sie alles schaffen, was Sie sich vorgenommen haben, davon ab, wie gut Sie die Zeit, die Ihnen zur Verfügung steht, die Ihnen *heute* zur Verfügung steht, nutzen. Und dann natürlich auch davon, wie viele Heute Sie schließlich bekommen. Das ist der Grund, warum es am sinnvollsten erscheint, *zuerst* das zu tun, was Ihnen am meisten bedeutet.

187

Natürlich ist es hilfreich, wenn man weiß, *was* es ist. Aber wenigstens können Sie, bis Sie schließlich den besten Grund für Ihre Anwesenheit hier entdeckt haben, vermeiden, die Dinge zu tun, die Ihnen nicht dienlich sind. »Sie brauchen also keine Zeit mehr totzuschlagen, sondern können vielleicht viel mehr entspannen und sich an den Menschen und Tätigkeiten erfreuen, die Sie mögen.

Die Strategie besteht also darin, heute nur das zu tun, was Sie bewußt auch für Ihren letzten, wertvollen Tag in Ihrem Leben auswählen würden. Oder aber Sie drehen die Sache einfach um. Wenn Sie dies nicht freiwillig an Ihrem letzten Nachmittag tun würden, warum um alles in der Welt sollten Sie dann zustimmen, es jetzt zu tun? Ich nenne diese Strategie, das Leben gegen Reue wappnen. Kann man es sich wirklich leisten, irgendwie anders zu leben?

Die letzte Vorstellung

Letztes Jahr rief ich meinen Freund Stanley in St. Louis an. Stanley, ein erstaunlicher und fruchtbarer Romanschriftsteller, ist unglaublich komisch – auf dem Papier. Seine eigene Situation jedoch kann man überhaupt nicht als komisch bezeichnen. In den dreißig Jahren, in denen ich nun mit Stanley gemeinsam Faulkner studiere – Stanley ist nämlich auch noch ein ausgezeichneter Professor –, sitzt er mit multipler Sklerose da. Und ich meine sitzen, wie in einem Rollstuhl oder auf dem Sofa. Nicht sehr komisch für Stanley – tatsächlich sogar für niemanden besonders lustig.

Aber schreiben kann er! In den drei Jahrzehnten, die ich ihn kenne, hat Stanley sechs oder acht große, unglaublich witzige Bücher veröffentlicht, allesamt von den Kritikern hochgelobt und von der Leserschaft mehr oder weniger ignoriert.

Und inzwischen wird sein körperlicher Zustand langsam immer schlechter, trägt ihn langsam, unendlich langsam zu seinem Tod – genauso, wie Ihre letzten paar Atemzüge, während Sie dies hier gelesen haben, dies für Sie tun. Stanley ist vier-

188

undsechzig. Und er hat entsetzliche Angst – weil Stanley sich absolut sicher ist, daß der Tod, wenn er kommt, auch sein Ende ist, nicht nur das Ende seines riesigen, massigen Körpers.

Als wir vor einigen Jahren über meinen Kurs sprachen und ich ihm erzählte, ich könne beweisen, daß wir nicht der Körper sind, in dem wir herumlaufen, wurde Stanley wütend auf mich. »Belüge deine Kundschaft nicht, Ingrid!« bellte er mich an, dann wechselte er schnell das Thema.

Dieses Mal rief ich Stanley an, um ihm zu sagen, daß ich einen seiner Fans kennengelernt hatte. Es war ein Mann, der jedes Buch und jede Kurzgeschichtensammlung besaß, die Stanley je veröffentlicht hatte, und der seiner Frau dauernd irgendwelche Passagen daraus vorlas, während er vor lauter Lachen weinen mußte. »Wie könnte ich genauso reagieren?« fragte seine Frau mit einem weichen kleinen Schulterzucken. Stanleys Bücher machten ihren Mann glücklich. Das war ihr mehr als genug.

Also rief ich Stanley an, um ihm diesen außergewöhnlich begeisterten Fan zu beschreiben – das muß für jeden Schriftsteller Balsam sein, und vor allem für einen, der im Rollstuhl sitzt. Ich wollte ihn vielleicht dazu überreden, diesem Fan einen kurzen Brief zu schreiben. Das Gespräch berührte auch andere Themen, und Stanley sagte: »Joan und ich wollen heute nachmittag den neuen Woody-Allen-Film ansehen. Kennst du ihn schon?«

»Nein, und ich werde ihn auch nicht ansehen«, antwortete ich. »Der Typ ist so ausschließlich mit sich selbst beschäftigt, daß er absolut langweilig ist – für mich jedenfalls. Außerdem, ich würde mir am letzten Nachmittag meines Lebens, der, soweit ich weiß, ja auch der heutige sein könnte, niemals einen Woody-Allen-Film ansehen.«

»Jesus, Ingrid, ist mit dir etwas nicht in Ordnung?«

»Doch, soweit ich weiß, geht es mir glänzend«, beruhigte ich ihn. »Aber ich habe das Kleingedruckte in meinem Vertrag schon vor einigen Jahren gelesen und festgestellt: Das *Was* ist darin genau festgehalten. Über das *Wann, Wo* und *Wie* schweigt

189

sich der Vertrag aus. Er erwähnt jedoch, daß es jederzeit, allerorts und auf jede vorstellbare Art geschehen kann.

Ich habe erkannt, wie wichtig es ist, wenn ich bei jeder Wahl, die ich treffe, im Hinterkopf auch daran denke, und ich will ganz gewiß nicht auch nur fünf Minuten meines letzten Nachmittags in einem Woody-Allen- oder irgendeinem anderen Film zubringen. Das entspricht einfach nicht meiner Vorstellung davon, wie die Zeit richtig zu nutzen ist.«

»Jesus, Ingrid, es tut mir leid, daß ich gefragt habe.« Und so war es tatsächlich.

Ich will Ihnen keinesfalls eine simplizistische Formel vorschlagen, mit deren Hilfe Sie darüber entscheiden können, welche Aktivitäten für Ihren letzten Tag wertvoll genug sind. Das einzige »Sollte«, das ich an diesem Vorschlag festmachen kann, ist dieses: Es sollte etwas sein, was Sie glücklich macht, etwas, das Sie wirklich erfreut. Stanley ist begeistert von Woody Allen. Dieser Film könnte für ihn tatsächlich die beste Wahl sein.

Stanley starb wenige Tage nach seinem fünfundsechzigsten Geburtstag, noch immer Hof haltend, mit seinen Freunden scherzend und Stanleys perfektes Leben lebend.

Tatsache ist es, daß Ihr Körper Ihnen nur für einen begrenzten Zeitraum gehört. Natürlich werden Sie durch dieses körperliche Ding nicht beschränkt oder definiert. Halten Sie diesen Gedanken fest. Wenn Sie wollen, können Sie noch die Vorstellung hinzufügen, daß Sie, wie ein Schauspieler, andere Rollen übernehmen werden, wenn dieses lange laufende Theaterstück, in dem Sie im Augenblick spielen, vom Spielplan abgesetzt wird.

Es ist schwierig, die Wahrheit über das Leben auf Erden im Blick zu behalten. Vielleicht erscheint Ihnen dadurch alles furchtbar unsicher. Möglicherweise macht Sie dies angespannt und verursacht Ihnen Sorgen, so daß Sie Ihr Leben nicht mehr in vollen Zügen genießen können.

Hören Sie, jegliches körperliche Ding *ist* unsicher. Ich mag dies eigentlich nicht immer wieder sagen. Sie könnten diesen Teil auslassen und einfach noch einmal zum ersten Kapitel zurückkehren. Aber glauben Sie mir, es geht nicht um die Frage, *was* geschehen wird (mit Ihnen, Ihrer Familie, Ihren Freunden, Ihrer Karriere, Ihrem Haus, Ihrem Hund). Fraglich ist nur der Zeitpunkt.

Angesichts dieses Tatbestands liegt die Herausforderung darin, eine Geisteshaltung zu entwickeln, die diese Realität einschließt, ohne damit einen Berg der Besorgnis zu erzeugen. Es folgt eine mögliche Herangehensweise.

Dankbarkeit ist die richtige Einstellung

Zufällig habe ich an einem Abend ein Interview von Barbara Walters mit Joan Rivers gehört. Barbara wollte von Joan wissen, ob sie sich je entspannen könnte mit dem Gefühl, daß ihre Karriere eine sichere Sache sei. Joan antwortete, sie höre nie auf, weiter darum zu kämpfen, weil sie wisse, daß sie möglicherweise eines Morgens aufwache und alles sei vorbei. Eine beängstigende Sache, nicht wahr? Vor allem in Anbetracht der Tatsache, daß der Tod todsicher kommen wird und daß dann tatsächlich alles vorbei sein *wird*.

»Das ist der Grund«, so fügte Joan hinzu, »warum ich jedesmal ›vielen Dank, Gott‹ sage, bevor ich vor die Kamera trete.«

Dann sicherte sie sich ab, indem sie sagte: »Nun, es kann ja nicht schaden.« Sie meinte damit wohl, selbst wenn niemand sie hört, kann man mit einem kleinen Dankeschön doch viel erreichen.

Das ist eine sehr vernünftige Strategie, nicht nur von einem spirituellen Standpunkt aus, sondern auch aus praktischen Erwägungen. Und zwar deshalb, weil der Verstand nicht zugleich danken und sich Sorgen machen kann. Joans kleines Dankeschön überlagert die Angst. Und es fühlt sich außerdem wunderbar an.

Die Aufforderung, »zähle deine Segnungen«, ist mithin der praktischste Rat, den man geben oder erhalten kann. Menschen, die normalerweise leicht unter Ängsten leiden, so wie Joan und ich, finden diese Einstellung oft sehr nützlich. Sie dient uns wirklich gut.

191

Noch einmal, es geht darum, sich klarzumachen: Alles ist zeitlich begrenzt. Diese Erkenntnis darf man weder verdrängen noch fortschieben. Nur so kann man der Angst Herr werden.

Pattys Weg

Vor einigen Jahren zog meine gute Freundin Patty von New York nach Los Angeles. Wir machten Witze über die Wahrscheinlichkeit, dort an den Folgen von Smog oder Erdbeben zu sterben. Patty sagte, diese beiden Möglichkeiten gefielen ihr besser als der Tod bei einem U-Bahn-Überfall oder durch eine verirrte Kugel. Zwei Todesarten, die ihre New Yorker Nachbarschaft zu bieten hatte. Jedem das Seine, entschieden wir, und fort war sie. Sie und ihr Mann Dennis machten ihre Sache gut im Westen, und vor einiger Zeit kauften sie sich in Sherman Oaks ein Haus, in dem meine Tochter und ich sie vor einer Weile besuchten.

»Schau mal«, jauchzte Hedley, als wir in die blumengeschmückte, hübsche, kleine Straße einbogen, »das ist ein Paradies, Mami. Es ist sauber, warm und hübsch, auf den Gehwegen klebt kein Kaugummi – *laß uns auch hierher ziehen.*«

Das Haus, das am Hang auf Stelzen stand, war geräumig und ebenfalls hübsch und bot einen Blick über das San-Fernando-Tal und die dahinterliegenden Berge. Es gab ein Schwimmbecken, einen Patio, Blumen überall. Und Patty, die der sandigen Upper West Side von New York und ihren kaugummiverklebten Bürgersteigen gerade entkommen war, genoß jedes kleinste Detail an ihrem neuen Haus. Sie war erstaunt über ihr Glück und dankbar für jeden Atemzug, den sie an diesem bezaubernden Ort tun durfte.

»Aber Patty«, bemerkte ich, »das Haus steht ja gar nicht auf festem Grund. Es ruht auf Zahnstochern über der dünnen Luft! Wie stark muß denn ein Erdbeben sein, um es das Tal hinunterzuwerfen? Und wie kannst du dabei ruhig schlafen?«

»Weißt du, Ganga«, antwortete sie, »wir beide, Dennis und ich, haben viel über das alles nachgedacht. Wir haben uns dazu entschieden, uns einfach daran zu erfreuen, solange wir es haben, Tag für Tag. Mehr können wir nicht tun.« Und als Nachsatz fügte sie hinzu: »Wir sind so dankbar, daß wir hier sein können.«

Das Erdbeben, das sein Zentrum im San-Fernando-Tal hatte und ein großes Stück aus Sherman Oaks herausbrach, ließ Pattys Zahnstocherhaus stehen – jedenfalls vorläufig.

Ich erzähle Ihnen diese Geschichte, um Ihnen zu zeigen, wie man durchaus mit der angeborenen Unbeständigkeit der Dinge in Berührung bleiben kann und sich dennoch das eigene Glück nicht durch Sorgen und Ängste untergraben lassen muß: Indem man etwas Tag für Tag genießt und dankbar ist für das, was man hat – es funktioniert tatsächlich.

Können Sie sich vorstellen, wie das Leben wohl sein würde, wenn man jeden Augenblick als die letzte Gelegenheit erfahren würde, in der man Liebe schenken oder Eis essen kann? Wie vollkommen wir dann im Hier und Jetzt anwesend wären.

Eine liebende Familie

Vor zwölf Jahren arbeitete ich ehrenamtlich in einem New Yorker Hospiz. Barbara Rice, die alle ehrenamtlichen Mitarbeiter im Cabrini Hospiz koordinierte, rief mich an, um in Erfahrung zu bringen, ob ich vier Stunden mit einer Familie in der Park Avenue verbringen konnte. Der Patient war ein Jurist mit einem langsam wachsenden, aber tödlichen Gehirntumor. Seine Frau kümmerte sich seit vielen Monaten zu Hause um ihn. Sie brauchte einfach nur einmal eine Pause, einen Abend mit Freunden, ein gemeinsames Abendessen und einen Theaterbesuch. Ich stellte mich gern zur Verfügung.

Mrs. White stellte mich den Kindern vor – zwei Jungen und ein Mädchen, alle unter vierzehn Jahre alt, die Jüngste war etwa sieben. Und sie erschienen mir alle ganz fröhlich und sachlich zu sein, als seien sie gut auf eine lange Durststrecke ohne ihren Vater eingestellt. Mr. White war ein kräftiger, nett aussehender Mann, der, durch eine ganze Reihe von Kissen gestützt,

193

aufrecht in einem breiten, bequemen Bett saß. Er sah überhaupt nicht krank aus. Aber als seine Frau anfing, mir Anweisungen zu geben, und er daran überhaupt gar keinen Anteil nahm, begriff ich, daß der Tumor irgendwie seine Sprech- und Denkfähigkeit angegriffen hatte. Aber in seinem Gefühlsleben war er ganz offensichtlich nicht beeinträchtigt.

Sein kleinerer Sohn kam in das Schlafzimmer gestürmt, als wir dort standen und uns unterhielten. Er hüpfte auf das Bett, nahm seinen Vater fest in die Arme, ohne dabei viel zu sagen, und sprang wieder aus dem Zimmer. Mr. Whites Gesicht, in dem zuvor keinerlei Ausdruck gelegen hatte, zeigte nun eine reine, unkomplizierte Freude. Es war atemberaubend – keinerlei Selbst-Bewußtsein, nichts, das zurückgehalten werden mußte, nur einfaches, volles Gefühl, ohne Verlegenheit oder Scham.

Mrs. White fuhr mit ihren Anweisungen fort. Zum Abendbrot hatte sie Pizza bestellt – ihr Mann und die Kinder würden sie sich auf dem großen Bett teilen. Zum Nachtisch sollte ich ihm das Kaffee-Eis von Häagen-Dazs geben, das er gerne mochte. Ich sollte ihn damit füttern und aufpassen, daß ich ihm nicht zuviel gab. Ein paar Löffel seien genug. Ich sagte ihr, sie solle sich keine Sorgen machen. Dann ging sie.

Die Pizza war aufgegessen, und die Kinder hielten sich in ihren Zimmern auf, als ich ging, um das Eis zu holen. Ich ließ es ein paar Minuten draußen stehen, damit es weicher wurde, stellte dann den ganzen Halbliterbecher auf einen Teller und ging damit zu Mr. White. Ich zog mir einen Stuhl ans Bett, steckte eine Serviette im Ausschnitt seines Schlafanzugs fest und gab ihm den ersten Löffel. Pflichtbewußt wie ein Kind öffnete er den Mund und schloß ihn dann geschickt über dem kleinen Berg Eis und dem schweren Silberlöffel. »Ah ...«, sagte er. »Ahh.« Und ohne besondere Eile öffnete er seinen Mund erneut.

Der zweite Löffel wurde mit der gleichen Glückseligkeit begrüßt wie der erste. »Ah ...«, sagte er. »Ah ...« Seine Freude an dem Eis war so einfach und rührend. Er war arglos wie ein ganz

194

kleines Kind, so sehr war er von dem in Anspruch genommen, was in seinem Mund vor sich ging. Ich bot ihm den dritten Löffel an – den vierten, den fünften. »Ah ...«, sagte Mr. White nach jedem. »Ah ...« Und der Mund öffnete sich, bereit, eine neue Ladung in Empfang zu nehmen. »Ah ..., ah ...«

Wir hatten einen Rhythmus gefunden. Wir befanden uns gemeinsam in einem langsamen Tanz. Nirgendwo sein als hier, mit dem Eis und dem Löffel. »Ah ..., ah ...« Schließlich war der Becher leer. Ich hatte keinen Grund gehabt aufzuhören, solange noch etwas darin war. Ich wußte, er würde mich bei seiner Frau nicht verraten. Weil es mich faszinierte, wie er jeden Löffel empfing, als ob es der allererste war, verfütterte ich den ganzen Becher an ihn. Für Mr. White gab es kein Nachlassen. Er schmeckte immer das beste Kaffee-Eis zum allerersten Mal. Was für ein großartiges Glück!

Ich habe hin und her überlegt, welche Lehren mir der Abend mit der Familie White beschert hatte. Und ich glaube, am wichtigsten waren es für mich die Beobachtungen, wie sie alle ihre Liebe für ihn impulsiv zum Ausdruck brachten. Denn sie alle wußten, er würde nicht mehr unendlich lange bei ihnen bleiben. Sie gingen nicht davon aus, daß eine Umarmung unbedeutend war oder warten konnte. Sie waren sich dessen bewußt, daß seine Anwesenheit wertvoll war. Also ließen sie ihn das ohne viel Worte und auf völlig natürliche Weise wissen.

Ich werde Mr. White, den Eiskaiser, niemals vergessen.

Empfehlenswerte Filme:
- *Showtime – Hilfe, meine Mama ist ein Star* (1992) – Julie Kavner, Samantha Mathis
- *Zuckermanns Farm* (1973) – Zeichentrickfilm von Charles Nichols und Iwano Takamoto

10
Der Umgang mit dem Sterben

Wir sind wieder am Anfang angelangt. Jemand, den Sie lieben, liegt im Sterben, wird jetzt, sehr bald sterben – jemand, den Sie sehr, sehr lieben. Und Sie leiden unter schrecklichen Schmerzen.

Dreißig Jahre sind seit dem Tod meiner Mutter vergangen. Der Schmerz jener Tage ist lang schon verblaßt. Aber die Erinnerung an diesen schlimmen Schmerz ist noch wach. Daher kann ich verstehen, womit Sie sich jetzt gerade abmühen. Genau deshalb habe ich dieses Buch geschrieben. Ich habe es für Sie getan.

Ihr ganz persönliches Erdbeben

Wie verheerend dieses schockierte Ereignis des Sterbens sein wird, hängt von mehreren Faktoren ab, von denen Sie die wenigsten unter Kontrolle haben. Wie dicht am Epizentrum Ihres Herzens lebt der Sterbende? Hat der geliebte Mensch *mit* Ihnen gelebt, so daß sich die Struktur Ihres Alltags radikal ändern wird?

Haben Sie die Struktur vorher gegen Erdbeben abgesichert, mit anderen Worten, haben Sie die Notwendigkeit, in Zukunft getrennte Wege gehen zu müssen, mit diesem Menschen besprochen? Oder hat dieses Beben Sie aus einem Traum aufgeschreckt, ein Traum, in dem Sie für immer gemeinsam weitergehen oder zumindest in der absehbaren Zukunft (als ob die Zukunft jemals absehbar sein könnte)?

Das ist der richtige Augenblick, um nach den Werkzeugen zu greifen, die Sie inzwischen erworben haben, und sie zu *benutzen*.

197

Werkzeug: *Ihr geliebter Mensch wird nicht zerstört.*
Es wird Sie sehr trösten, wenn Sie sich daran erinnern, daß Ihr geliebter Mensch nicht auf den Körper beschränkt ist, den Sie vor sich auf dem Bett liegen sehen. Wenn es Ihnen gelingt, an dieser Einsicht festzuhalten, *dann bringen Sie damit etwas Seltenes und Wunderschönes mit sich in sein Zimmer: Annahme und Frieden.*

Obwohl die Veränderungen seines Körpers Sie vielleicht bis ins Mark hinein erschüttern, Sie werden sich wieder und wieder daran erinnern, daß Ihr geliebter Mensch im Begriff ist, zu einer vollkommen sicheren und erfreulichen Reise aufzubrechen. Er wird nicht über den Rand der Welt in den Abgrund segeln. Sie werden keinerlei Angst um ihn haben und auch nicht unter der Trauer zusammenbrechen.

Titanic oder Concorde?

Ihr geliebter Mensch wird nicht mit einem Schiff untergehen. Er reist erster Klasse in der Concorde an das Ziel seiner Träume. Denken Sie an Benjamin Franklins wunderbare Worte:

Unser Freund und wir selbst sind eingeladen, im Ausland an einem Vergnügungsfest teilzunehmen, welches bis in alle Ewigkeit andauern wird. Sein Platz war zuerst bereitet, und er ist vor uns hingegangen. Wir können nicht alle im gleichen Augenblick aufbrechen; und warum sollten Sie und ich Trauer darüber empfinden, wenn wir doch wissen, daß wir ihm bald folgen werden, und wo wir ihn finden können?

Warum sollten Sie trauern? Es ist ein *Vergnügungsfest.* Es ist eine luxuriöse Kreuzfahrt. Und Sie sind ebenfalls eingeladen. Sie werden sich eines Tages Ihrem geliebten Menschen anschließen. Die Tiefe und Stärke Ihrer Liebe, die Sie leicht an dem Schmerz ermessen können, der Sie jetzt quält, garantiert

198

Ihnen die Wiedervereinigung. Das ist nicht als Metapher gemeint. Das ist die Wahrheit.

Werkzeug: *Der Körper ist das Geschenkpapier, der geliebte Mensch ist das Geschenk.*
Was sehen Sie, wenn Sie Ihren geliebten Menschen anblicken? Sie sehen die Verpackung, in die Ihr geliebter Mensch eingewickelt ist. Sie sehen die Wohnung, in der Ihr geliebter Mensch wohnt. Sie sehen das Fahrzeug, mit dem Ihr geliebter Mensch durch die Stadt fährt. Sie sehen *nicht* den geliebten Menschen.

Sie sehen die komplexe Verpackung (Flüssigkeiten, Mineralien, lebende Zellen jeglicher Art), von der Ihr geliebter Mensch all die Jahre aus praktischen Gründen (umarmen, lachen, essen, sprechen) umgeben war und die ihm gut gedient hat. Sie sehen die Form, die Ihr geliebter Mensch genutzt hat, um für eine Weile Ihr Leben mit Ihnen zu teilen. Sie sehen *nicht* den geliebten Menschen. Sie sehen die Tarnung, derer sich der geliebte Mensch bedient hat, aber Sie können seine eigentliche Form, wie er oder sie wirklich ist, nicht sehen. Die Essenz des geliebten Menschen ist für das Auge nicht sichtbar.

Sprache und Liebe

Wenn ein geliebter Mensch sich dem Tod annähert, dann ist der Bruch in der Kommunikation, der sich dann auftut, mit am schwersten zu ertragen. Da die Verbindung, die wir am besten kennen, oft durch die Sprache hergestellt wird, kann es qualvoll sein, wenn die Sprache nicht mehr länger zur Verfügung steht, wenn Reaktionen ausbleiben und sogar grundlegende Aussagen wie »Ich liebe dich« nicht mehr ausgetauscht werden können.

Dann ist der Zeitpunkt gekommen, sich ins Gedächtnis zu rufen, wie unangemessen Worte sind, um Ihre Liebe zu übermitteln. Die *große* Liebe, nicht bloß Zuneigung, sondern eine tiefe Verbindung, wie sie zwischen Ihnen und Ihrem geliebten Menschen besteht, kann durch bloße Worte weder angedeutet und schon gar nicht übermittelt werden. Das ist etwas, was Sie schon längst wissen.

Ich erinnere mich an das erste Mal, als ich diese kraftvolle, nonverbale Verbindung spürte. Hedley war nur fünf Wochen alt, schlief und aß rund um die Uhr: Licht an, niemand zu Hause, nur das normale Neugeborenengeschehen. An diesem Abend nahm ich sie hoch, um sie zu stillen, obwohl sie fest schlief. Es war Muttertag, und obwohl ich normalerweise schlafende Babys schlafen lasse, war ich dieses Mal so randvoll mit Dankbarkeit für sie, daß ich meine platzen zu müssen, wenn ich nicht ein wenig davon abgeben durfte.

Unser Zimmer war dunkel mit Ausnahme des Lichtkeils, der durch die leicht offenstehende Tür über das Bett fiel. Ich saß auf dem Bett und drückte sie an mich. Sie trank und trank, scheinbar ohne überhaupt aufzuwachen. Und dann, während ich ihren kleinen Körper in meinem Schoß ruhen ließ und voller Verwunderung in ihr erstaunliches, kleines Gesicht blickte, öffnete sie die Augen, hielt einen Augenblick inne, und dann *lächelte* sie mich völlig bewußt an.

Sie war vollständig da, genauso wie sie es jetzt ist, acht Jahre später. Ihre großen Augen funkelten vor Intelligenz, Erkennen und Liebe. Nein, ich habe mir das nicht eingebildet. Natürlich war sie vorher schon wach gewesen. Aber sie war niemals zuvor *gegenwärtig* gewesen, und jetzt war sie es. Wir erkannten einander, ohne ein Wort zu sprechen. Der Austausch war so vollständig, so subtil und komplex. Ich wurde ohne ein Wort von Glück überflutet.

Überdies, die wenigen Worte, mit denen ich versucht habe, diesen Augenblick mit Ihnen zu teilen, erfüllen die Aufgabe nicht. Und ich habe mich wirklich bemüht. Es fehlt nicht viel, doch ein Treffer ist es nicht. Aber Sie wissen auch so, was ich meine, nicht wahr? Denn Sie selbst haben eine so vollständige Liebe, eine so tiefe Verbindung erlebt, daß Sie nicht davon träumen würden, sie mit Worten zu verhüllen.

200

Worte verdunkeln oft, was sie erhellen sollten. Es ist, als würfe man ein Bettuch über Michelangelos David. Man kann die allgemeine äußere Form des Kunstwerks erkennen, aber wenn Sie es wirklich aufnehmen wollen, dann müssen Sie es abdecken und still sein und sehen und fühlen.

Werkzeug: *Erinnerungen sind ein Stummfilm, der niemals endet.*

Wenn der geliebte Mensch Ihr Vater, Ihre Mutter oder Ihr Kind ist, Ihr Ehemann, Ihre Ehefrau oder Ihr Lebenspartner, besitzen Sie eine Schatzkiste voller Erinnerungen an die vielen Stunden, die Sie gemeinsam verbracht haben. Stellen Sie sich diese Erinnerungen, die Aufzeichnungen Ihres Lebens mit dem geliebten Menschen als Videosammlung vor – ausschließlich Bilder und Musik, die Sie durch die Jahre begleitet haben und die in Ihrem Herzen immer mit diesen Jahren verbunden sein werden, keine Worte.

Später werden Sie sich damit trösten können, indem Sie so viele dieser Videos, wie Sie wollen, so oft Sie mögen abspielen. Nichts kann sie löschen. Und *wenn* es Ihnen gelingt, an dem Wissen festzuhalten, Ihr geliebter Mensch wurde lediglich versetzt, nicht zerstört, werden Sie daran Freude haben, sich diese Aufnahmen vorzuspielen. Es gibt jedoch ein großes »wenn«, nicht wahr? Wie sollen Sie sich Ihren geliebten Menschen zugleich intakt und unanfaßbar, anwesend und abwesend vorstellen? Im folgenden einige Anregungen, die das Verständnis fördern.

Was würde geschehen, wenn der Raum, in dem Sie gerade sitzen, abgerissen würde? Wenn plötzlich der Fußboden, die Decke, die Wände, das Mobiliar verschwänden, was bliebe dann zurück? Der Raum selbst wäre noch da, nicht wahr? Nur, seine früheren Grenzen könnten Sie nun nicht mehr erkennen. Die begrenzenden Strukturen sind ausgelöscht. Aber der *Raum* selbst ist noch dort, *wo* er immer war. Und er ist unverändert. Können Sie mir folgen? Noch ein Vergleich.

Was geschieht, wenn Sie eine Flasche Wasser mit an den Strand nehmen und nicht austrinken? Am Abend, statt die halbvolle Flasche nach Hause zu tragen, gehen Sie hinunter ans Meer, Sie öffnen die Flasche und gießen Ihr Trinkwasser ins Meer. Hat Ihr Wasser aufgehört zu existieren? Natürlich nicht. Nun befindet es sich überall dort, wo auch das Meer ist. Könnten Sie genau dasselbe Wasser wieder zurück in Ihre Flasche füllen? Natürlich nicht. Es hat sich über das ganze Meer ausgebreitet. Es ist nicht mehr durch die Flasche begrenzt. Und nur in dieser Hinsicht ist es verschwunden.

Das Problem, das sich stellt, wenn wir einen geliebten Menschen verlieren, mit dem wir zusammengelebt haben, ist ähnlich. Wir können die vertraute Form nicht mehr finden, deshalb glauben wir, daß auch der Inhalt ausgelöscht wurde – was für ein natürlicher und zugleich unendlich schmerzhafter Fehler!

Noch ein Vergleich

Was geschieht, wenn Sie ins Kino gehen? Sie sehen Bilder von Schauspielern und Schauspielerinnen, die sich über eine große flache Leinwand bewegen. Vielleicht erzählen Sie hinterher einer Freundin: »Ich habe Dustin Hoffman in *Tootsie* gesehen. Ich habe Meryl Streep in *Die Brücken am Fluß* gesehen.« Haben Sie das wirklich? Nein. Sie haben ihre Abbildungen gesehen, die aus Licht und Schatten bestehen, eingefangen auf einem Streifen Celluloid und projiziert auf eine Leinwand. Aber Sie sagen, daß Sie *sie* gesehen haben.

Es ist eine Art Kurzschrift. Denn jeder weiß, was Sie meinen. Sie meinen, daß Sie die Abbildung eines Schauspielers gesehen haben, der eine Rolle spielt. Und der Schauspieler *in dieser Rolle* hat Ihnen gefallen. Aber wenn Sie Dustin Hoffman im Supermarkt begegneten, würden Sie vielleicht zu ihm sagen: »Klasse, Sie waren einfach wunderbar in …!« Sie würden ihn nicht fragen: »Nun, wie stehen denn die Dinge zwischen Ihnen und dem Vater Ihrer Freundin?« Und falls Sie Meryl Streep in die Arme liefen, würden Sie ihr bestimmt keine Vorhaltungen machen, weil sie ihren Mann betrogen hat.

202

Der Unterschied zwischen dem Schauspieler und der Rolle bleibt Ihnen bewußt, ist es nicht so? Als Fan von Dustin Hoffman oder Meryl Streep versuchen Sie vielleicht, alle Filme zu sehen, in denen die beiden mitgespielt haben. Und obwohl Sie von der jeweiligen Geschichte vielleicht vollkommen gefesselt sind, bleibt Ihnen doch noch immer bewußt: Hoffman oder Streep erschaffen eine weitere brillante Illusion vor Ihren Augen, mit Akzenten, Manierismen, Kostümen und allem, was das Herz begehrt.

Die Essenz, die Individualität des Schauspielers bleibt intakt, unverwechselbar und einzigartig. Nur die Rollen wechseln. Aber Sie würden diesen Schauspieler in jeder Rolle wiedererkennen, stimmt's? Aber nun zurück zu Ihrem geliebten Menschen, der bald sterben wird.

Was ist der geliebte Mensch

Unsere Körper sind uns nur geliehen, wie Ben Franklin es ausdrückt. *Wir* sind dauerhaft, *sie* sind es nicht. Wir bestehen fort, sie lösen sich auf. Das ist alles, was geschieht. Was an dem geliebten Menschen hat Sie als erstes angezogen? Selbst wenn die äußere Form Sie angenehm berührte, war es doch ohne Zweifel der *einzigartige Geist*, der die physische Form beseelt, der Ihr Herz gefangennahm. Es war das Prickelnde, das Lachen und auch die Ernsthaftigkeit, die genau richtige Zusammenstellung von erfreulichen Elementen, verbunden mit der angemessenen Menge Herausforderung, Schwierigkeiten und Mängeln, um Ihr Interesse wach zu halten. Ihre Liebe basiert auf diesen dauerhaften Qualitäten, nicht auf der ewig veränderlichen körperlichen Form, die von dem Augenblick an, da Sie beide sich kennenlernten, zunehmend in Vergessenheit geriet.

Nur die Liebe

Woraus besteht Ihre Beziehung? Nur aus Liebe. Was hat alle Veränderungen, die Sie beide über die Jahre erlebt haben, überdauert? Die Liebe. Wenn der Körper Ihres geliebten Menschen verlassen ist, was wird dann aus Ihrer Liebe? Wird sie sich auflösen, wie dies der Körper tut? Oder wird Ihre Hingabe an den geliebten Menschen sich vertiefen und wachsen?

Auf Wiedersehen und gute Reise

Was wäre, wenn Sie am Kai stünden und ein schlankes, wunderschönes Kreuzfahrtschiff würde langsam ablegen? Was, wenn Sie in der Kabine so viele letzte Umarmungen geteilt hätten, so viele wie nur möglich? Was, wenn Sie beide einander so oft und immer wieder gesagt hätten: »Ich liebe dich«, daß Sie es schließlich nicht noch einmal wiederholen müssen? Bis Sie beide genau wüßten, Ihre Liebe geht weit über die Bedeutung kleiner Wörter hinaus, und dies wird auch immer so bleiben?

Nun ist die körperliche Trennung beinahe abgeschlossen. Sie können nur noch vom Kai aus winken. Keine Umarmungen mehr. Keine Worte mehr. Die Umrisse Ihres geliebten Menschen werden kleiner und undeutlich. Sie können nicht mehr sicher sein, ob er es ist, den Sie dort stehen sehen. Sie können sein Gesicht nicht mehr erkennen. Die Schlepper ziehen das Schiff Ihres geliebten Menschen in den Fluß und flußabwärts aufs offene Meer. Nun sehen Sie sogar das Schiff nicht mehr. Langsam gehen Sie zu Ihrem Auto zurück. Mit Tränen auf Ihren Wagen und einem schweren Herzen.

Ist das eine schlechte Erfahrung? Natürlich nicht. Es ist einer der bewegendsten und wichtigsten Augenblicke in Ihrem Leben. Sie und Ihr geliebter Mensch haben das Zusammenleben genossen – haben so viele Lebensjahre geteilt, haben sich in allem aufeinander verlassen. Es gibt nicht einen zweiten Menschen in Ihrem Leben, der so ist wie er. Wie sollte das auch möglich sein?

Aber ist das Gefühl, das Sie jetzt gerade spüren, Trauer oder Traurigkeit? Was der Unterschied ist, fragen Sie? Finden Sie es mit der Hilfe dieser Fragen heraus:

1. *Kann irgend etwas Sie zum Lächeln oder Lachen bringen?*
2. *Können Sie mit jemandem darüber reden, wie Sie sich fühlen?*
3. *Wollen Sie es? Tun Sie es?*
4. *Weinen Sie leicht und unvorhersehbar?*
5. *Schmeckt Ihnen das Essen?*
6. *Erscheint Ihnen alles furchtbar schwierig?*
7. *Haben Sie Schwierigkeiten beim Einschlafen?*
8. *Haben Sie Schwierigkeiten mit dem Aufstehen?*
9. *Fühlt sich alles furchtbar schal an?*
10. *Haben alle anderen Sie im Stich gelassen?*

Wenn Sie die ersten fünf Fragen überwiegend mit »Ja« und die folgenden fünf mit »Nein« beantwortet haben, kann man das, was Sie durchleben, Traurigkeit nennen und nicht Trauer.

Beachten Sie auch, daß in jedem Fall Ihre Gedanken wieder und wieder zu Ihrem geliebten Menschen zurückkehren. Trauern Sie, dann ist jeder Gedanke an ihn schmerzhaft. Wenn der Verlust noch neu ist, werden Sie sich die ganze Zeit in diesem schmerzerfüllten Zustand befinden.

Trauer macht es sehr schwer, klar oder überhaupt nachzudenken. *Wären* Sie jedoch dazu in der Lage nachzudenken und ich würde Sie fragen, welche Vorstellung der Ursprung Ihres Leidens ist, dann würden Sie feststellen: Es ist wieder einmal die falsche Vorstellung von der Auslöschung. Sie glauben, daß Ihr geliebter Mensch *nicht mehr ist*. Und wie ich wieder und wieder betont habe, wenn dies zuträfe, dann könnte keine Trauer jemals groß genug sein. Ich trauerte wegen des Todes meiner Mutter elf Jahre lang, weil ich glaubte, sie sei ausgelöscht. Sobald ich wußte, daß dies nicht zutraf, verwandelte sich meine Trauer in Traurigkeit.

Muß man trauern?

Aber ist es nicht wichtig zu trauern? Ist denn nicht die Trauer notwendig, um den Verlust zu integrieren und weiterzugehen? Meiner Meinung nach trifft das nicht zu. Trauer ist nicht logisch, nicht angemessen, nicht notwendig und, wie ich finde, keineswegs nützlich. Aber Traurigkeit ist in vielerlei Hinsicht sinnvoll. Sie steht für die Zeit, die wir brauchen, um den verlorenen geliebten Menschen zu ehren, um unsere Gedanken zu ihm gehen zu lassen, wann immer es sein soll, und um zu weinen. Traurigkeit schließt die Möglichkeit ein, mit einem Freund über den geliebten Menschen zu reden. Sie schließt die Möglichkeit ein, einen Abend auszugehen, ins Restaurant und ins Kino. Sie schließt die Möglichkeit ein, sich über die eigene Situation lustig zu machen. Sie schließt ein gelegentliches herzliches Lachen und Weinen ein.

Traurigkeit muß nicht schmerzhaft sein. Sie kann verborgen und tief und reich und sogar recht angenehm sein. Warum sollte man versuchen, sie beiseite zu schieben? Einen so großen Teil unserer Zeit leben wir nur an der Oberfläche unseres Selbst. Aber jetzt befinden wir uns tief in unserem Inneren. Das Leben fühlt sich plötzlich anders an. Nichts scheint jetzt mehr wie gewohnt abzulaufen. Der geliebte Mensch ist die ganze Zeit *in Ihnen* und *wie Sie* anwesend. Wenn Sie nicht glauben, daß der geliebte Mensch ausgelöscht wurde, als sein Körper verschied, dann genießen Sie jetzt die Zeit, die Sie in Gedanken an Ihn verbringen. Und das ist nicht schmerzhaft. Es ist vor allem die Gewohnheit, die uns der Traurigkeit diese Richtung geben läßt.

Werkzeug: *Es ist Umzugstag.*
Ihre sterbende Freundin zieht aus ihrer Wohnung aus. Sie hat bereits einen neuen Wohnsitz gefunden – einen sehr viel schöneren –, daher interessiert sie der alte nicht mehr besonders. Wenn Sie zu ihr gehen, um ihr beim Packen zu helfen, sehen Sie ein Chaos. Überall liegen alte Zeitungen und Schachteln, und

nichts sieht mehr wie das ordentliche kleine Zuhause aus, das es einst war.

Außerdem funktioniert die Heizung nicht mehr, der Strom ist abgestellt, daher müssen Sie bei Kerzenschein einpacken. Auch Warmwasser gibt es nicht mehr. Sie wundern sich nicht, warum Ihre Freundin ausziehen will. Viel eher wünschen Sie, sie hätte nicht gar so lange gewartet, um sich von der alten Wohnung zu trennen.

Sie werden feststellen, daß Ihre Freundin mehr als nur ein wenig orientierungslos ist. Das ist vollkommen verständlich und natürlich. Schließlich ist sie ja nun weder hier noch dort. Möglicherweise streift sie von Raum zu Raum und vergißt, was sie in der Küche wollte, steht benommen und verloren in der Mitte dessen, was einst ihr Wohnzimmer war. Ihre Verwirrung muß uns nicht erstaunen, denn der Raum hat keine Ähnlichkeit mehr mit ihrem einstigen Wohnzimmer.

Vielleicht erledigt sie ihre abschließenden Aufgaben ein wenig langsamer, wirkt mitunter etwas weggetreten, im wahrsten Sinn des Wortes geistesabwesend. Vielleicht macht Sie der Prozeß zornig und ungeduldig. Möglicherweise erwischen Sie sich bei dem Gedanken, sie möge es doch schneller hinter sich bringen. Eventuell gibt es etwas anderes, was Sie lieber tun würden, auch wenn Sie Ihre Freundin von Herzen lieben. Und solche Gedanken verleiten Sie unter Umständen dazu, schlecht von sich zu denken und sich schuldig zu fühlen. Doch damit fügen Sie der Verletzung nur eine Beleidigung hinzu, und Sie machen alles schlimmer. Wir tun uns so etwas gnadenlos an. Lassen Sie es sein.

Der ganze Prozeß nervt Sie – Sie wollen einerseits bei ihr sein, um ihr bei diesem Umzug zu helfen, aber andererseits würden Sie alles dafür geben, wenn Sie jetzt an einem anderen Ort sein könnten. Und wie überhaupt können Sie ihr helfen? Sie haben keine Ahnung.

207

Was ist Ihre Rolle?

Das Wichtigste, was Sie jetzt tun können, ist, sich zu erinnern:
Erinnern Sie sich daran, daß Ihre Freundin nicht ihr Körper ist. Und erinnern Sie sich daran, daß das Verlassen des Körpers eine glückselige und keine schmerzhafte Erfahrung ist. Haben Sie also keine Angst für sie.

Erinnern Sie sich daran, daß Sie diesen Weg mit absoluter Sicherheit ebenfalls gehen werden. Bemitleiden Sie sie also nicht.

Erinnern Sie sich daran, daß sie die Aufgabe auf ihre eigene, vollkommene Weise angeht. Wenn sie schon immer unruhig, wütend oder brummig war, wird sie es wahrscheinlich auch jetzt sein. Der individuelle Stil ist ebenso ein Bestandteil des Sterbens wie des Lebens. Transformationen auf dem Totenbett sind meiner Erfahrung nach selten.

Erinnern Sie sich daran, daß Ihre Freundin Ihre Anwesenheit und nicht Ihre Dienstleistung braucht. Selbstverständlich können Sie ihr das verschwitzte Laken wechseln oder ihren trockenen Mund anfeuchten. Aber von diesen kleinen Diensten einmal abgesehen sind Sie da, um Ihrer Freundin Ihre Liebe zu bezeugen und um ihr Frieden zu bringen.

Der Job findet im Inneren statt

Denken Sie daran, daß Ihre Freundin ihre körperlichen Veränderungen von *innen* erfährt. Sie sind für sie nicht das, als was sie Ihnen erscheinen. Sie und ihr Körper sind dabei, sich voneinander zu trennen. Denken Sie an die Analogie des Umzugstags. Sie ist in ihrem Körper nicht mehr gänzlich zu Hause. Versuchen Sie nicht, sie zurückzuhalten oder unnötig mit Ihren Sorgen zu bremsen. Denken Sie daran, daß ihr Hinein- und Hinausgleiten in und aus dem Bewußtsein natürlich sind und ihr einen Aufschub von den Unannehmlichkeiten gewährt, denen ihr Körper sie sonst unterwerfen würde. Versuchen Sie, dies entspannt zu sehen. Sie ist noch immer, wer sie immer war.

Sie will nur die Stadt verlassen, das ist alles. Ihr vollkommener, einzigartiger Geist bleibt unversehrt. Und das gilt auch für die Liebe, die sie für Sie empfindet.

Vorschläge für Krankenhausbesuche

Wenn Sie zum ersten Mal einen geliebten Menschen beim Sterben begleiten, dann werden Ihnen vielleicht einige der folgenden Vorschläge hilfreich erscheinen. Dies sind die Dinge, von denen ich mir gewünscht hätte, jemand hätte sie mir gesagt, als ich die vier Tage am Bett meiner sterbenden Mutter zubrachte.

Nehmen Sie Gas weg!

Die Zeit wird äußerst unberechenbar, wenn jemand, den Sie lieben, stirbt. Vielleicht stellen Sie fest, daß sie nur so dahinschleicht, während Sie am Bett sitzen, aber fliegt, während Sie sich eine Pause gönnen, und mit jeder »schlechten Nachricht«, die der Arzt bringt, vollkommen zum Stillstand kommt.

Das ist vollkommen normal, aber es trägt bei zu der Orientierungslosigkeit und der Fremdheit, die Sie ohne Zweifel verspüren. Sie kommen sich vielleicht so vor, als seien Sie in eine Spiegelwelt gefallen, in der Ihnen zugleich alles vertraut und unwirklich, eigentümlich vorkommt.

Vielleicht stellen Sie auch fest, daß es Ihnen schwerfällt, zu Hause »rechtzeitig« für Ihren Besuch im Krankenhaus fortzukommen. Sobald Sie die Tür hinter sich zuschlagen, haben Sie das Gefühl, daß Sie Ihren Zeitplan nicht einhalten können und beeilen sich entsprechend. Folglich kommen Sie außer Atem, sich rechtfertigend und außer Fassung an. Damit befinden Sie sich auf einem vollkommen anderen energetischen Niveau als der geliebte Mensch, den Sie besuchen, der schon seit Tagen nirgendwo mehr hin geeilt ist und dessen Energie entsprechend langsam und ruhiger fließt.

Ruhen Sie sich erst einmal im Waschraum aus, bevor Sie

nach oben gehen. Waschen Sie sich die Hände, kühlen Sie Ihr Gesicht mit einem nassen Papierhandtuch, und nehmen Sie das Gas weg. Dann setzen Sie sich wenigstens ein paar Minuten in die Krankenhauskapelle. Und machen Sie sich nichts daraus, wenn sie katholisch ist und Sie Protestant oder in gar keiner Kirche sind. Selbst wenn Sie Gott ursprünglich nicht besonders mochten oder gerade jetzt besonders wütend auf ihn sind oder niemanden kennen, der auf diesen Namen hört, die Kapelle ist für Sie da.

Sammeln Sie sich. Machen Sie sich den Frieden im Raum bewußt. Atmen Sie tief und langsam. Lassen Sie sich von Gottes Liebe trösten, die Sie und Ihren geliebten Menschen immer umgibt. Dann erinnern Sie sich daran, daß Ihr geliebter Mensch nicht mit seinem Körper identisch ist. Denken Sie daran, daß Form und Inhalt nicht ein und dasselbe sind. Der Mensch, den Sie lieben, verläßt einfach die Stadt, das ist alles. *Jetzt* sind Sie bereit, nach oben zu gehen.

Nehmen Sie Verbindung auf!

Selbst wenn der Mensch, den Sie lieben, nicht bei Bewußtsein ist, können Sie mit ihm Verbindung aufnehmen. Setzen Sie sich neben das Bett, halten Sie seine Hand, und sagen Sie leise die Dinge, die Sie sagen würden, wenn Ihr geliebter Mensch wach wäre. Falls es Dinge gibt, die Sie gesagt oder getan haben und jetzt bedauern, dann bringen Sie das jetzt zum Ausdruck. Wenn Sie meinen, es sei jetzt zu spät, um sich zu entschuldigen, dann irren Sie sich. Jetzt und hier haben Sie noch einmal die Möglichkeit, etwas wiedergutzumachen. Der Mensch, den Sie lieben, befindet sich auf subtile Weise mit Ihnen im Dialog. Sie sind nicht allein im Zimmer.

Und weisen Sie sich nicht zu viel Schuld zu. Wir alle lernen und tun unser Bestes im Rahmen unserer Möglichkeiten. Auch der von Ihnen geliebte Mensch hat ein paar Fehler, auch wenn Sie sich jetzt im Gedanken an sie vielleicht unwohl fühlen. Gestatten auch Sie sich, dem geliebten Menschen zu vergeben.

Ihre Vergebung ist ein Geschenk und eine Notwendigkeit für Sie beide. Halten Sie sie jetzt nicht zurück.

Sie können sich später darum kümmern, die kalten Reste von Wut und Bedauern hinauszuwerfen. Hören Sie einfach die Stimme des geliebten Menschen, die sagt: »Ich wünschte, ich hätte es anders gemacht. Du bist kostbar für mich. Ich habe einen furchtbaren Fehler gemacht.« Und hören Sie sich selbst vertrauensvoll mit Vergebung antworten. Enthalten Sie dem geliebten Menschen Ihre Vergebung auch dann nicht vor, wenn er diese Worte nie direkt an Sie gerichtet hat. Sie werden sich selbst sinnlos quälen, wenn Sie nicht vergeben.

Stellen Sie sich vor, daß der von Ihnen geliebte Mensch in diesem Luxusflugzeug sitzt, als es auf das Rollfeld zufährt. Sie sehen zu, wie das Flugzeug langsam seine Startposition erreicht. Sie halten Ihre Verbindung zu dem geliebten Menschen mühelos aufrecht, doch ist sie jetzt sehr viel subtiler und verfeinerter als noch vor wenigen Augenblicken. Nein, Sie können einander nicht umarmen oder gemeinsam essen gehen. Aber Sie sind über Ihre Herzen miteinander verbunden und werden es immer sein.

Wenn Sie vorhaben, längere Zeit im Krankenzimmer zu verweilen, sollten Sie sich gestatten, zu lesen oder zu schreiben, Musik zu hören oder zu beten. Beschäftigen Sie Ihren Verstand auf diese Weise, so ist es weniger wahrscheinlich, daß Sie die Hinweise auf den körperlichen Verfall des geliebten Menschen katalogisieren, über die noch verbleibende Zeit spekulieren oder sich in der Hoffnung wiegen, es könnte vielleicht doch noch ein »gutes« Ende nehmen. Der physische Tod ist die einzige *mögliche* Konsequenz für den Körper. Ein Geheimnis bleibt es bis zum Schluß, ob der Tod früher oder später kommt. Nicht Sie sind der Meister dieses Augenblicks, sondern der von Ihnen geliebte Mensch.

Rufen Sie sich einige der besten Erinnerungen ins Gedächtnis. Das ist der richtige Zeitpunkt, um im gegenwärtigen Augenblick die Vergangenheit zu feiern. Sie hatten eine kostbare und wunderbare Beziehung, die jetzt in eine neue Phase eintritt.

Ihre Verbindung zu dem geliebten Menschen ist intakt, jetzt und immerdar. Sie wird einfach nur subtiler, das ist alles.

Sie wird veredelt wie der wäßrige Saft des Ahorns, der zu etwas sehr Konzentriertem und Süßem eingekocht wird. Es wird Ihnen gelingen, diese unverwechselbare Süße in jedem Augenblick Ihres zukünftigen Lebens einzubringen. Sie werden sie ohne Mühe schmecken. Sie sind geliebt.

Eine Anmerkung für Geistliche

Was könnte eine größere Herausforderung sein als der Tod eines Mitglieds Ihrer Glaubensgemeinschaft? Auf Ihnen lastet die schwere Aufgabe, den gepeinigten Hinterbliebenen Trost und Beistand zu spenden. Wenn der Tod schnell und unerwartet kam, werden sie außerdem auch noch unter einem Schock und unter Zweifeln leiden. Wenn Sie selbst nie einen Menschen verloren haben, der Ihnen nahestand, fällt es Ihnen möglicherweise schwer, den Trauernden mit Vertrauen zu begegnen.

Die leidende Person ist in eine Grube der Trauer abgeglitten. Wie können Sie ihr helfen? Bildlich gesprochen gibt es nur zwei Möglichkeiten: Sie können entweder selbst in die Grube springen, oder Sie bleiben, wo Sie sind, lassen ein Seil hinunter und ziehen die leidende Person heraus. Lassen Sie uns beide Möglichkeiten näher betrachten.

Der Sprung in die Grube

Diese Möglichkeit erscheint auf den ersten Blick mitleidig und liebevoll. Sie mag oft die richtige Reaktion sein. Aber ist sie das wirklich? Stimmt man dem Trauernden darin zu, dieser Tod ist tragisch, ungerechtfertigt, unzeitgemäß und ungerecht, geht man sicherlich den Weg des geringsten Widerstands. Vielleicht ist es sogar das, was der Trauernde von Ihnen erwartet oder sich wünscht. Doch stimmt diese Herangehensweise mit Ihrem Glauben überein?

Repräsentieren Sie einen Gott, der Fehler macht? Sprechen Sie für einen Gott, der alles nicht ganz unter Kontrolle hat? Vertreten Sie einen Gott, der nicht alle Menschen gleichermaßen liebt? Mit anderen Worten, ist Ihr Gott allwissend, allmächtig und unvorstellbar liebevoll?

Wenn Sie all dies glauben, dann geschieht hier *keine* Tragödie. Es gibt keine andere Möglichkeit, wie es hätte ablaufen *können*. Und hinter dem Ereignis verbirgt sich ein unglaubliches Geschenk der Liebe. Es kommt von Gott und ist ausschließlich für Ihren Trauernden bestimmt. Mit der Zeit wird er es als solches erkennen. Ihre Aufgabe als Geistlicher ist es, die Aufmerksamkeit des Trauernden auf diese Ebene gerichtet zu halten, auch wenn sich der Verlustschmerz schwer aushalten läßt, auch wenn die Grube der Trauer sowohl Ihnen als auch dem Trauernden angemessen, vernünftig und sicher erscheint.

Ein Seil hinunterlassen

Das einzige Seil, das Ihnen zur Verfügung steht, ist die Wahrheit. Der Tod muß zu jedem einzelnen Menschen kommen. *Und*, es gibt keinen Tod. Vielleicht finden Sie, diese nackten Fakten würden den Trauernden überfordern. Aber das ist nicht der Fall. Gerade jetzt ist das Bedürfnis so groß wie niemals zuvor, einen Sinn in diesem Tod, in jedem Tod zu sehen. Eine außerordentliche Aufnahmebereitschaft entsteht aus dieser Trauer. Der Trauernde möchte verzweifelt gern verstehen und aushalten, was geschehen ist. Es ist einsam, dunkel und elend in dieser Trauergrube.

Hört sich das zu einfach an? Wo ist der Haken? Hier: *Sie müssen* das Seil *sehr*, sehr fest halten. Sie können das Seil nicht einfach in die Grube hinunterlassen und erwarten, daß der Trauernde dann schon allein hinausklettert. Ihr Glauben ist hier der entscheidende Faktor. Sie benötigen eine starke Überzeugung von Gottes unfehlbarer Güte. Und Sie brauchen auch den Mut, der mit dieser Überzeugung einhergeht.

213

Die meisten Menschen glauben an das, was ich die falsche Vorstellung von der Auslöschung genannt habe. Sie als Geistlicher wissen, daß der heilige menschliche Geist über den Körper hinaus fortbesteht. Ihr Erfolg dabei, den Trauernden aus seiner Grube zu ziehen, hängt also davon ab, ob Sie ihn daran erinnern oder davon überzeugen können, daß der geliebte Verstorbene nur die Stadt verlassen hat.

Sobald es Ihnen gelungen ist, diese Vorstellung einzubringen, ist der Trauernde für Sie besser erreichbar. Nun können Sie die Hand ausstrecken, in der sich alle Werkzeuge Ihres und Gottes Mitgefühls befinden, unbefleckt durch Mitleid, unverwässert durch Angst.

Der schwierigste Teil Ihrer Arbeit muß zuerst erledigt werden. Wenn Ihr Trauernder fragt: »Warum ich, warum so, warum jetzt?«, müssen Sie fähig sein, sanft, aber klar zu entgegnen: »Warum nicht?« Und wenn Sie sich anfangs kein Gehör verschaffen können, müssen Sie so lange beharren, bis Sie gehört werden. Selbstmitleid, welches diese Fragen durchdringt, ist eine derart traurige, nutzlose und entnervende Geisteshaltung. Viele der Geistlichen, mit denen ich befreundet bin, wissen nicht, wie sie damit umgehen sollen. Am besten ist es immer noch, wenn man dieses Problem direkt, entschlossen und mit Liebe angeht.

Wenn es Ihnen gelingt, ein wenig Humor unterzumischen, dann mag es dem Trauernden leichter fallen, die Wahrheit zu hören. Denken Sie jedoch daran, daß jeder Mensch, selbst wenn er die Wahrheit nicht hören will, sie doch sofort erkennt, wenn sie ausgesprochen wird:

- Diese Trennung mußte kommen.
- Es gibt keinen Grund, sich zu beklagen.
- Die Trennung ist zeitlich begrenzt.
- Das Band der Liebe besteht fort.

Der Tod eines Mitglieds Ihrer Gemeinde ist eine wundervolle Gelegenheit, um Ihren eigenen Glauben auf seine Lebendigkeit und Standfestigkeit hin zu überprüfen. Wenn Sie selbst noch nicht den Tod eines geliebten Menschen erlebt haben, kann man nicht wissen, wie kräftig Ihre Glaubensstruktur ist. Würde sie *Sie* tragen, wenn Sie den Verlust eines geliebten Menschen zu beklagen hätten, wie dies der Trauernde tut? Wie würden *Sie* auf die Dinge reagieren, die Sie dem Trauernden sagen müssen? Hören Sie sich aufrichtig an? Sind Sie es?

Diese Fragen gehen sowohl auf der persönlichen als auch auf der beruflichen Ebene so tief, daß es ordinierten Geistlichen manchmal schwerfällt, sie anzunehmen. Das größte Hindernis beruht auf der Vorstellung, daß Sie in diesen Angelegenheiten immer alles im Griff haben müssen. Wissen Sie jedoch um Ihre Unsicherheit, dann vermeiden Sie das Thema vielleicht lieber. Stellen Sie sich ihm besser nicht. Wenn Sie ein Mensch sind, dann ist dies normal.

Da ich über ein Jahrzehnt in der Aids-Hilfe gearbeitet habe, war es mir möglich, mit Hunderten und Hunderten von Menschen zu sprechen, die ohne ein Glaubenssystem, das ihre Trauer und Angst hätte lindern können, mit dem Tod konfrontiert waren. Anfangs machte mich das Leid fassungslos. Ich hatte das Gefühl, daß es mir nicht zustehe zu sagen, daß der Tod nicht so endgültig ist wie all das und daß außerdem kein Weg an ihm vorbeiführt. Ich wollte niemanden verletzen und hatte keine Erfahrung im leichtfüßigen Umgang mit diesen Wahrheiten. Ich war die ganze Zeit furchtbar ernst, und das allein war wahrscheinlich schon genug, um das Gute, das ich möglicherweise getan habe, wieder zunichte zu machen.

Ich hatte furchtbare Angst davor, mich zum Narren zu machen, aber wer hat das nicht? »O mein Gott, vielleicht sage ich nicht das Richtige? Möglicherweise fühlt sich der Leidende wegen mir schlechter und nicht besser. Nun, wenn ich gar nichts sage, verändert sich nichts, und wenn ich ihnen auf die Nerven gehe, lenkt ihr Zorn wenigstens von ihrem Schmerz ab. Ich versuche es.«

215

Ehrlich, selbst wenn man keine Geschenke mitbringt, allein schon die Tatsache, daß man *überhaupt* auf sie zugeht, vermittelt Liebe.

Die beste Antwort, die Sie geben können, ist die, die Sie niemals zuvor gegeben haben. Erfinden Sie Ihre Einsicht in die Natur des Todes jedesmal neu, wenn Sie darum gebeten werden, sie mitzuteilen. Um jedesmal spontan sein zu können, müssen Sie an das glauben, was Sie sagen. Es ist vor allem Ihre Überzeugung, die dem Trauernden helfen wird, mehr als irgendwelche besonderen Worte.

Für einen Christen ist der Glaube daran, daß Christus den Tod überwunden hat, von zentraler Bedeutung. Dennoch ist es ohne Zweifel schwer, dieses Wissen auf einen unerwarteten Todesfall im eigenen Leben anzuwenden. Vielleicht ist das der Grund, warum das Osterfest ein jährlich wiederkehrendes Ereignis sein muß. Wir alle müssen das wieder und wieder vor Augen geführt bekommen. Auch Jesu zeitgenössische Anhänger hatten Schwierigkeiten damit.

Seien Sie also nicht zu streng mit sich selbst. Es ist eher unwahrscheinlich, daß einer Ihrer Kollegen besser damit zurechtkommt. Gehen Sie also mutig auf das Thema zu. Es gibt so viel zu gewinnen. Sie werden sich nach jeder Erfahrung Ihrer selbst sicherer fühlen. Entspannen Sie sich. Denken Sie daran, daß Gott noch nicht mit Ihnen fertig ist.

Ein Vorschlag lautet, daß Sie bei Ihrem ersten Gespräch mit dem Trauernden nicht aus irgendwelchen Schriften zitieren sollten. Es ist in Ordnung, auf ein Ereignis in der Bibel zu verweisen. Aber erzählen Sie die Geschichte in Ihren eigenen Worten unter Verwendung Ihres Alltagsvokabulars. Auch wenn Sie in Ihrer Funktion als Geistlicher mit dem Trauernden in Verbindung getreten sind, am meisten wird es Ihnen nützen, wenn Sie so natürlich wie ein beliebiger Laie mit ihm umgehen, vor allem, wenn es sich bei dem Trauernden um einen Altersgenossen handelt.

Sobald die Fragen »Warum ich? Warum so? Warum jetzt?« ausgesprochen sind, ist der Rest nur noch Zuhören.

216

GOLDMANN

*Das Gesamtverzeichnis aller lieferbaren Titel erhalten Sie
im Buchhandel oder direkt beim Verlag.*

Taschenbuch-Bestseller zu Taschenbuchpreisen
– Monat für Monat interessante und fesselnde Titel –
✳
Literatur deutschsprachiger und internationaler Autoren
✳
Unterhaltung, Thriller, Historische Romane
und Anthologien
✳
Aktuelle Sachbücher, Ratgeber, Handbücher
und Nachschlagewerke
✳
Esoterik, Persönliches Wachstum und
Ganzheitliches Heilen
✳
Krimis, Science-Fiction und Fantasy-Literatur
✳
Klassiker mit Anmerkungen, Autoreneditionen
und Werkausgaben
✳
Kalender, Kriminalhörspielkassetten und
Popbiographien

Die ganze Welt des Taschenbuchs

Goldmann Verlag · Neumarkter Str. 18 · 81673 München

Bitte senden Sie mir das neue kostenlose Gesamtverzeichnis

Name: _____

Straße: _____

PLZ / Ort: _____